八段階のヨーガ
The Ashtanga Yoga of Sage Maharshi Patanjali

スワミ・チダーナンダ
SWAMI CHIDANANDA
著

増田喜代美
KIYOMI MASUDA
訳

東方出版

PATH TO BLESSEDNESS
Quintessence of The Ashtanga Yoga of Sage Maharshi Patanjali

SWAMI CHIDANANDA

Copyright © THE DIVINE LIFE SOCIETY
1973 INDIA

Photograph
Copyright © THE DIVINE LIFE SOCIETY
INDIA

著者まえがき

"オーム　シャーンティ！　皆様方すべてが平和でありますように"

『PATH TO BLESSEDNESS』と題された本書は、自制、心のコントロール、精神集中、瞑想の道を通じて、自己実現に至る内的科学をわかりやすく解説したものです。これらすべては、インドの偉大なる聖賢にして卓越した師として知られているマハリシ・パタンジャリの『ヨーガ・スートラ』についてのものです。彼は約5000年も前にこれらを説き、人類の為に、短く簡潔でありながら、そこに深遠な意味が込められている"スートラ形式"、即ち短い箴言の形で、ヨーガ科学の真髄を残しました。"スートラ"は非常に簡潔で力強い表現形式ではありますが、一度読んだだけでその意味するところを完全に理解することは容易ではありません。それらは説明を必要とするのです。伝統的な18のプラーナ（神話を含むヒンドゥー教の聖典）の著者である、偉大な聖者マハリシ・ヴェーダ・ヴィヤーサは、私たちの為に、このパタンジャリの『ヨーガ・スートラ』の解説を書き著しました。さらに、かなり後に、非常に学識のある弟子であり探求者であったヴァーチャスパテ・ミシュラが、聖者ヴィヤーサの解説についての、さらに詳しい注釈書を著しました。本書におさめられている講義は、上記のヨーガテキスト類の教えに基づいたものです。

では、何故、私がこれら一連の講義を行うに至ったのでしょうか。そして、その目的はどこにあるのでしょうか。本書は全篇にわたって、真剣に霊的真理を求めている探求者たちに奉仕する為の、そして人類を益するであろう偉大な智慧を伝える為の、純粋な試みなのです。この仕事は、何年も前に、私の霊性の師であるグルデヴ・スワミ・シヴァーナンダのたっての希望と指示のもと、喜びとともに引き受けたものであります。私は、師への感謝と、そして又師が現代の求道者たちに奉仕する機会を与えてくださったことへの感謝を込めて、この仕事を謹んで師の蓮華の足元に捧げるつもりです。グルデヴ・スワミ・シヴァーナンダは、彼自身偉大なヨーガの師として世界中に知られていますが、リシケシのアシュラムの中にヨーガ・ヴェーダーンタ・フォレスト・アカデミー（ヨーガの学問所）を設立

した時、私に『ヨーガ・スートラ』について講義をするよう命じられたのです。これらの講義は、速記を使って非常に注意深く記録され、後に加筆修正され、新たに編集されて、今ここに一冊の本として上梓されたのです。

　「ヨーガ」という言葉は、一般的に、ラージャ・ヨーガの科学において扱われる「瞑想（ディヤーナ）の道」を意味しています。それは、効果的で深い瞑想を正しく実践する為に、心をそれにふさわしい有効な道具とする為の、心の内的な規律と訓練及び完成についての古代の科学なのです。この道は、修行法が科学的で、組み立てが非常に体系的なので、特に西洋の修行者たちに好まれています。その上、すべての宗教的な教義を超えており、いかなる宗教的儀式や実践とも異なった、偏見のない、宗派に囚われない、科学的な修行法を提示しています。故に、人々の信仰や宗教上のしきたりなどを妨げることなく、世界中どこに住んでいる人でも実践できる体系と行法なのです。

　エホバ、アッラー、アフラマズダ（ゾロアスター教）、全能の天の父、ブラフマン、タオ、神などと様々な名前で呼ばれている"たった一つの普遍的な真理"があります。寺院、シナゴーグ、教会、モスク、そしてあらゆる礼拝堂で、敬愛され崇拝されているのは、この"普遍的な真理"なのです。また、ヴェーダ、タルムードやトーラー（ユダヤ教）、聖書、コーラン、ゼンドアヴェスター（ゾロアスター教）などのあらゆる聖典において、賛美されその栄光を称えられているのは、この"普遍的な真理"なのです。そして、この"普遍的な真理"こそ、ラージャ・ヨーガの道を行く修行者の瞑想の対象に他なりません。この"普遍的な真理"に対する瞑想は、心と知性のレベルを超えさせ、人を超意識の次元に連れて行きます。そこにおいて、人は物質的な束縛から自由になり、人生のあらゆる苦しみから解放されるのです。これがラージャ・ヨーガのゴールです。この道は、人格と行為の清らかさ、肉体と精神の浄化、自制、献身、プラーナ（生命エネルギー）の調和、五感のコントロール、精神集中、そして瞑想からなっています。このように、この道は、普遍的原則と、修行者を神の悟りへと高めてくれる本質的な霊的修行の特質とが、一体となった道であることがわ

かります。

　皆様すべてに、この至高の体験がもたらされることを願うとともに、霊性の生活と修行における究極の成功をお祈りさせていただきます。成功は、たゆみない誠実なる努力を通してやって来るものです。修行者の皆さん、ヨーガの道において、真摯に努力して下さい！　そうすれば、必ずやゴールに辿り着くことでしょう。

　このささやかな一冊が、心から真理を求める修行者たちの助けとなり、また役立つものとなることを願ってやみません。これは、グルデヴ・シヴァーナンダのものであり、あなた方のものなのです。
　最後に、心からの敬愛を聖師グルデヴ・スワミ・シヴァーナンダに捧げます。

スワミ・チダーナンダ

訳者まえがき

　本書に収められている『ヨーガ・スートラ』についての一連の講義は、スワミ・チダーナンダジ（スワミは出家僧、〜ジは尊称）が、まだアシュラムに来たばかりの頃、師グルデヴ・スワミ・シヴァーナンダの命により、アシュラム内に出来たばかりの学問所であるヨーガ・ヴェーダーンタ・フォレスト・アカデミーにおいて、ラージャ・ヨーガ（瞑想のヨーガ）の講義としてなされたものです。27歳の若き修行者であったスワミジ（スワミ・チダーナンダジのこと）は、遥か南インドのマドラスから、すべてを捨て、ただひとすじに、燃えるような真理への思いを胸に、このリシケシの地にやってきたのでした。

　当時のリシケシは、今とは違い、まったくのジャングルでした。電気もなければ水道もない、まして、電気ストーブや扇風機などあるはずもありません。便利さや快適さとは、まったく無縁の世界でした。それどころか、生存そのものが大変な労苦を強いられる場所でした。しかし、霊的太陽であるグルデヴ・シヴァーナンダを中心に、その目眩いばかりの輝きに支えられ、真理を求める修行者たちは喜々として、同時に不屈の精神をもって、ただひたすら師についていったのです。誰もが皆、自分の人生の目標を"真理を悟る"というただ一点に定め、真理に献身し、真理の中に生きようと日夜霊的修行に励んでいた、まさにシヴァーナンダ・アシュラムの黄金時代でした。

　若く、純粋で、真理（神）だけに人生のすべてを捧げていたスワミジからほとばしる純粋で力強いエネルギーが、これら一連の講義の中にみなぎっています。この本は、インドの叡智の一つである賢者パタンジャリの『ヨーガ・スートラ』の一部をスワミジが解説したものです。『ヨーガ・スートラ』は、"ラージャ・ヨーガ"の解説書といわれているものであり、本書は、その中の、特に"八段階のヨーガ"（アシュターンガ・ヨーガ）について詳しく解説しています。それは"ヤマ、ニヤマ、アーサナ、プラーナーヤーマ、プラティヤハーラ、ダーラナー、ディヤーナ、サマーディ"の八つで

す。これらの言葉は、ヨーガを学んでいる人なら誰でも一度は耳にしたことがあると思います。

ここで、多くの人に誤解されがちないくつかの点について少し触れておきたいと思います。

まず、「アーサナ」という言葉です。"ラージャ・ヨーガ"の「アーサナ」は、"ハタ・ヨーガ"（身体のヨーガ）における「アーサナ」、即ち様々なポーズをとる"体位法"ではなく、"坐法"のことだということです。つまり、（瞑想のために）できるだけ長く快適に坐るための安定した坐法を指すのです。

次に、「アーサナ」の前には、「ヤマ（禁戒／社会的戒律）、ニヤマ（勧戒／個人的戒律）」といった人間生活の根本的な教えが前提としてあるということです。というのは、ヨーガの道の終点は、真の意味における"人間としての完成"に他ならないからです。もちろん、最初の二つである「ヤマ、ニヤマ」ができなければヨーガをやってはいけないという意味ではありません。もしそうならば、誰もヨーガを行ずることはできません。しかし、「ヤマ、ニヤマ」はヨーガの土台なのです。何故、「ヤマ、ニヤマ」の実践が不可欠なのか、スワミジは実にわかりやすく説明しています。

さらに、ラージャ・ヨーガのすべては、「心を律する、心を清らかにする」過程そのものだということです。ラージャ・ヨーガの根本経典である『ヨーガ・スートラ』においては、身体的なことについての記述はほとんど見られず、その主眼は、「心についての理解とその心をいかにコントロールしていくか」という点に置かれています。そして、それは段階的に「ディヤーナ（瞑想）」に至ろうとする試みなのです。このように、本来のヨーガの意味するところは、"心の科学"に他ならないのです。

賢者パタンジャリは、ヨーガに対して最も科学的かつ体系的なアプローチをした人であり、その方法はあらゆる人種や宗教を超えて、また時間や場所に制限されることもなく、とても普遍的なものです。なぜなら、真理というものは、すべての宗教を超えたところにあり、あらゆる人に開かれたものだからです。

スワミジはこの本の中で、「ヨーガとは何か」「一体何のためにヨーガを

するのか」という最も根本的な部分の理解を明確にしてくれています。ヨーガの本質についての正しい理解と、正しい方向性をもったヨーガの実践により、わき道に逸れることなく、真理へと至るヨーガの道を真っ直ぐに歩んでいくことができると思います。さらには、各人の人生に、より高い新たな視点がもたらされるのではないかと思います。そういう意味において、この本が真剣にヨーガに取り組んでいこうとしている人たちの一助になればと思い、翻訳をさせていただいた次第です。

　なお、本書の講話は、スワミ・チダーナンダジが真理を目指すインドの修行者たちのためになされたものなので、日本の読者の皆様一人一人が、それぞれの置かれた場に応じて、自分なりにこの本を役立てていってくださることを心から願っています。

増田喜代美

●目次

著者まえがき　3
訳者まえがき　6

第1章　序説　11
　　二つの道——快楽の道と善なる道　13
　　人生のゴール　14
　　霊的な進化と悟り　16
　　ヨーガの基本的な概念　21
　　ヨーガ的見地からみた心の分析　27
　　心の波を静める　44
　　ヨーガの修行について　47
　　ラージャ・ヨーガ　50

第2章　アシュターンガ・ヨーガ（八段階のヨーガ）　55
　（1）ヤマ（禁戒／社会的戒律）　57
　　　アヒンサー（非暴力）　60
　　　サッティヤ（真実、正直）　62
　　　ブラフマチャリヤ（禁欲）　65
　　　アスティーヤ（不盗）　69
　　　アパリグラハ（不貪）　71
　（2）ニヤマ（勧戒／個人的戒律）　73
　　　シャウチャ（清浄）　75
　　　サントーシャ（知足）　78
　　　タパス（苦行）　81
　　　スワディヤーヤ（聖典読誦）　84
　　　イーシュワラ・プラニダーナ（神への献身）　90
　（3）アーサナ（坐法）　98

（4）プラーナーヤーマ（調気）　103
（5）プラティヤハーラ（制感）　105
（6）ダーラナー（集中）　112
　　　集中の実践　112
　　　ヴァイラーギャ（離欲、無執着）　114
　　　独居とサトヴィックな食事　116
　　　集中の様々な形　119
（7）ディヤーナ（瞑想）　129
　　　心とそのコントロールについてのさらにいくつかの事実　134
　　　執着と嫌悪（好き嫌い）　140
　　　瞑想のための前提条件　142
（8）サマーディ（三昧）　147
（9）永遠の至福　151

　　訳者あとがき　157
　　要語索引　160

＜凡例＞
・本文中のサンスクリット語の用語はカタカナ表記し、（　　）内に訳者注を補足した。
・(注)は原文注。
・理解をより明確にするために、必要に応じて（　　）書きで説明の言葉を付した。

第1章　序説

二つの道——快楽の道と善なる道

　偉大なる真理、究極の実在を求めて、探求者たちはその人生を、独居、瞑想、苦行、霊的修行のうちに過ごし、ついには悟りの光を得たのです。このようにして光明を得た彼らは、神の意識である光について、悲しみを乗り越え永遠不滅なる至福と無限の知識という贈り物を与えてくれる道について、そして人間としての最も偉大な達成について明らかにしてきました。私たちは、「"全てを知るもの"を知ること」によって、この知識に達する努力をしなければならないのです。人間にとってのこの偉大な果実を獲得するために、「達成されるべきものの中でこれほど偉大なものはない」ということを知ることは、人生における崇高さであり栄光に他なりません。私たちはこの人生の目的を達成するために、まず"ムムクシュトワ"を身につけなければなりません。"ムムクシュトワ"とは、「永遠なるものについての知識への渇望」です。そして、この偉大な目標を意識の深奥部において実際に体験することができるように、この知識を生きた探求へと移行させなければならないのです。

　ヨーガの道には様々な修行法がありますが、まず私たちはそれらの基本的な知識を身につける必要があります。例えば、ヴェーダーンティン（ヴェーダンタ哲学徒）による知識の道、神秘主義者たちによるパタンジャリのアシュターンガ・ヨーガの道（ラージャ・ヨーガ＝瞑想のヨーガに同じ）、ナーラダやシャンデーリヤの著した『バクティ・スートラ』に詳しく説かれている神への愛と信仰の道、『バガヴァド・ギーター』においてクリシュナ神が説いた、敬虔さに満ちた献身的な行為などを通して真理に至るカルマ・ヨーガ（行為のヨーガ）の道などがあります。

　探求者は、まず「快楽の道（プレーヨー・マールガ）」に背を向け、「至高善に向かう道（シュレーヨー・マールガ）」を歩もうと決意しなければなりません。
　快楽の道は単に肉体を満足させるだけで、それは人間の真の本性でもなく、最終的に人を永遠なる幸福へと導いてくれるものではないからです。

一方、至高善に向かう道は快楽の道とは異なり、光へと向かう困難な道であり、感覚器官のコントロール、心を支配すること、ヴィヴェーカ（識別力）やヴァイラーギャ（離欲）などを要求されますが、最終的に我々を尽きることのない真の幸福へと導いてくれる道なのです。それは最初は決して楽しい道ではありませんが、結果として永遠の幸福へと導いてくれるのです。「快楽の道」と「至高善への道」という、この二つの道についての見事な対比が、我々を鼓舞し勇気づけてくれる物語である『カタ・ウパニシャッド』に見られます。その中で、少年ナチケーターは、勇敢にも快楽の道をきっぱりと拒否し、最終的に人を至福へと導いてくれる困難な至高善への道を選択するのです。このように、私たちも至高善へと向かう道に従う探求者となり、霊的な悟りという最高峰に登りつめ、神の意識、至高の真理のもとに生きている偉大なる魂の蓮華の足元に、確かな保護を求めるという比類なき幸運を掴まなくてはならないのです。

　（注）「プレーヤス」は感覚器官や心にとって心地いいことを意味し、従って、「プレーヨー・マールガ（快楽の道）」とは、五感や心を楽しませる方向に向かう道のことをいう。一方、「シュレーヤス」は「プレーヤス」とは全く逆の意味の言葉で、「シュレーヨー・マールガ（至高善への道）」とは、直接的に五感や心を楽しませてはくれないけれども、究極的に人を至高善へと導いてくれる道のことをいう。

人生のゴール

　この世にあって、手に入れることがとても難しい、三つのものがあります。それは「人間として生まれること」「悟りを得たいという願望をもつこと」「聖者や賢者と交わること」です。そして、これらは神の恩寵と祝福を通じてしか得ることができないものなのです。これら三つのうちで、人間としての誕生は、まっ先に挙げられなければならない非常に貴重な贈り物なのです。というのは、個々の魂に知性と識別力という類い稀なる能力が賦与されるのは、人間として存在する時だけなのです。故に、人間としての誕生は、非常に貴重な神からの贈り物であるとみなされているので

す。

　しかし、たとえ人間としての誕生を授かったとしても、もしあなたが永遠の至福と不死を与えてくれる"悟り"の境地を得たいという切望を抱くことがないならば、この人間としての誕生は全く無駄であったということになります。なぜなら、あなたの人生は動物とさしたる違いはないからです。食べること、眠ること、そして肉体的快楽を求めることは、人間と動物に共通したものであり、人間と動物とを区別するものは、人間のもつ理想主義であり、単なる物質的なものではなく、より崇高な何かを得たいという切なる願いなのです。私たちは、達成されるべきより高次のものがあることを知っていますし、さらに、この肉体的存在の不完全さから自由になりたいという強烈な欲求を持っているのです。

　そこで、三番目に聖者や賢者との交わりが来るのです。人間としての誕生と悟りへの切望という最初の二つを手に入れたとしても、我々の人生は、依然として迷妄や実りのない虚しい努力の中で曇らされたままです。というのは、祝福された人以外は、一体何が正しい努力なのかがわからないからです。また、悟りの道における障害を取り除いてくれるという聖者との交わりにしても、一体誰がこの三番目の贈り物を持っているのかを知りません。もし私たちが、自分自身を賢明なる霊性の師の前に委ねてしまえば、彼は道を示してくれることでしょうし、この道において誘惑が我々を悩ます時は、インスピレーションや勇気や熱意を与えてくれることでしょう。

　しかし、これら三つの祝福をすべて与えられた者でも、さらに四つ目のものが必要とされるのです。それは、心が「よし、わかった！」と同意しなければならないのです。コントロールされていない心ほど始末に負えないものはありません。その時それは迷妄・悪・闇の代理人であり、悟りの道に立ちはだかる障害となるのです。故に、心が味方についてくれることがどうしても必要なのです。たとえあなたが、神の恩寵、グルの恩寵、さらに聖典の恩寵に恵まれたとしても、心の協力なくして成功はありえないのです。

霊的な進化と悟り

　私たちは、最高の理想に向かって、日々進歩していかなければなりません。故に、私たちが、瞑想の理論と実践に基づき、あらゆる側面から規則正しいサダナ（霊的修行）を開始し、自分のなす行為の全てにわたって霊的に高めようと努力し始めたその時こそが、まさに祝福された時であり吉兆の時なのです。

　私たちは朝夕に瞑想をしますが、それ以外の時間、つまり日常生活や他の人と接している時など、往々にして狭量で利己的な態度を示しがちです。このようなことが私たちのサダナの進歩を遅らせ、瞑想の恩恵を帳消しにしてしまうのです。オデュッセウスの妻であったペネロペは、夫が戦地に行っている間にたくさんの求婚者がありました。しかし、彼女は貞節な女性だったので、他の男性の妻になるつもりなど毛頭ありませんでした。そこで彼らに、自分は今ドレスを準備しているので、それが出来上がるまでは誰とも結婚するつもりはありませんと告げたのです。彼女は来る日も来る日もそれを編んでは、夜になると昼間編み上げた分を全部解いてしまうのでした。これを夫であるオデュッセウスが帰って来るまで続けたのです。

　しかし、私たちは自分の人生においては、このようであってはならないのです。自分が朝晩修行したことは何であれ、これに神聖でない要素を付け加えるべきではありません。もし普段のふるまいの中で、自分の本質を忘れたり、人に対して冷淡であったり、批判的であったり、また正直でなかったりするなら、これら全てのことが、瞑想において積み重ねてきた修行をも台無しにしてしまうことでしょう。故に、外面的な生活や活動においても、自分の言動においても、瞑想や礼拝や様々な修行をしている時と同様の意識状態をしっかりと保ち続けていなければならないのです。その為には、修行というものを、静かに座る数時間だけに限定することなく、日中に行うあらゆる行為もまた神の如く気高いものにしていくことが必要なのです。私たちの行為の全てが、我々の内なる真の本性の表れでなくてはならないのです。そして、その全てが霊的に高められなければならないのです。この"行為全体を神性に溢れたものにすること"が、カルマ・ヨーガ（行為のヨーガ）の説くところなのです。

瞑想のヨーガを実践する者であれ、信仰の道を歩む者であれ、ヴェーダンタ哲学に従う者であれ、誰であれこのカルマ・ヨーガを理解しなければなりません。しかし、カルマ・ヨーガの実践は実に難しいのです。人は一人でいる時は、とても理想的な態度を保つことができますが、多様性の織り成すこの世界において、厳しい現実とぶつかった時、調和を保ち、神性と無私だけを表現していくことは、とても困難なことです。しかし、これはやってみるだけの価値があることなのです。というのは、カルマ・ヨーガの実践によって他のヨーガが実り多きものとなるからです。理想的な生活を送り、自己犠牲と優しさに溢れた人が繰るジャパマーラー（ジャパの為の数珠、通常108玉）の一周は、他の人々が爪繰るジャパマーラーの一万回分にも値するのです。なぜなら、その人の性質は、清らかな行為によって浄化されているからです。反対に、もしあなたが怒りと欲望で一杯ならば、たとえどんなに瞑想をしたとしても、心の準備がなされていないので、それは実を結ぶことはないでしょう。人は、自分はなぜ進歩しないのだろうと疑問に思いますが、それはあなたの修行と実際の生活とが矛盾しているからなのです。修行者は賢くあらねばなりません。入れ物のどこが漏れているのかを知らなくてはならないのです。さもなければ、入れ物に穴が開いているのに、それを一杯にしようと虚しい努力をすることになるからです。まず初めに、入れ物のどこが漏れているのかを突き止めなければなりません。その為に、あなたはカルマ・ヨーガの秘訣を学ばなければならないのです。

昔、ある王様が三つのどくろを持っていました。王様は、お抱えの学者に、三つのうちどれが一番よいどくろかと尋ねました。そこで、学者が一番目のどくろの片方の耳に棒を通すと、それはもう一方の耳から出てきました。二番目のどくろは、片方の耳から入れられた棒は、口から出てきました。三番目のどくろは、片方の耳から入れられた棒は、心臓にぴったりと入りました。そこで、学者は三番目のどくろが最高ですと答えました。一番目のどくろは、智慧の言葉を聞いてもそれらを吸収することなく、右の耳から入れては左の耳から出て行ってしまう、ものごとをすぐに忘れて

しまうタイプの人々を表しています。二番目のどくろは、智慧の言葉を聞くとそれを他の人たちに教えたがるだけで、自分自身では実践することがない人たちを象徴しています。三番目は、智慧の言葉を聞くと、それを自分の心に留め、毎日の生活のなかで実践していこうと努力する、最高の修行者のタイプを表しているのです。このように、あなた方も、聖者や賢者から学んだことは何であれそれを育み実践していく三番目のどくろのようであってほしいと思います。

"プラナヴァ"即ち"聖音オーム"は、私たちに自分の本性を思い出させる為に唱えられるのです。それは、"本質的に私たちであるところのもの"を思い出させるということです。私たちは、「自分はこの身体である、この心である、あるいはプラーナ（生命エネルギー）である」と思い込んでいます。"プラナヴァ"（聖音オーム）は、そんな私たちに本当の自分であるところのものを思い出させてくれるのです。オームは、「永遠かつ深遠な平和であり、光の中の光であり、知識であり、サッチダーナンダ（絶対的な存在・意識・至福）であり、永遠の清浄さであり、永遠の覚醒である」のです。そして、これが私たちの本来の姿なのです。しかし、"マーヤー"と呼ばれる神の名状しがたい迷妄は、私たちに自分の本性を忘れさせてきました。故に、私たちは身体が痛ければ、「私は痛い」と言い、心が安らかでないときは、「私は落ち込んでいる」と言うのです。それは、自分のことをこの身体や心だと思い込んでいるからです。そこで、私たちが、本当の自分とは何かを悟り、真の自己を確立する為に、様々なヨーガが存在するのです。あらゆるヨーガの、そして全ての霊的努力の究極の目的は、「至福に満ちたこの真の自己を悟ること」です。オームは、到達すべき究極の体験とは何なのかを我々に思い出させてくれるのです。オームの体験は、ヨーガの究極の果実そのものであり、自分自身に絶えずこのゴールを思い出させるために、私たちは常にオームを唱えるのです。それは、我々に生き生きとした活力と至福を与えてくれます。たとえどんなに長い間迷妄の中で彷徨っていたとしても、一瞬でも真理に触れたとたん、あなたは生き生きとしたエネルギーで満たされることでしょう。これが真理の知覚の偉

大さというものなのです。

　ヨーガの秘密は、単に快楽の放棄だけではなく、偉大なる快楽の獲得でもあるのです。ヨーギー（ヨーガを行ずる者）は、一方に三世にわたっての全ての快楽を積み上げられ、もう一方にはアートマン（真我）の至福のほんの僅かなひとかけらがあったとしたら、後者は前者に遥かに勝るということを知っているのです。ヨーガの為に五感の楽しみのすべてを捨て去った者は、実に賢い人間です。それは、黄金を手に入れる為に偽のコインを捨て去るようなものなのです。彼は、実は自分は何も失っていないこと、そして自分が手に入れようとしているものは唯一のものであることを知っているのです。故に、ヨーガというのは、本来は、最高の至福に到達する為の試みであると言えるのです。これは特別の観点から見たヨーガの定義と言えるでしょう。ヨーガには他にも様々な定義があり、積極的なものもあれば消極的なものもあります。

　子供がお母さんが縫い物をしているところを見ているとしましょう。子供はお母さんが指ぬきをしているのを見て、「お母さん、何故指ぬきをしているの」と尋ねます。するとお母さんは、「それは誤って指に針が刺さってしまった時、怪我をしないように、指にはめるのよ」と説明することでしょう。これをヨーガにあてはめて、もう少し詳しく説明してみましょう。

　遥か昔、それは有史以前、創造の始めから、人間はある欲求を感じていました。それは何でしょうか。それは、ブッダの生涯において、非常に顕著に示されています。彼の哲学のすべては、ニルヴァーナでした。（ニルヴァーナは、吹き消すこと、消滅の意。即ち、涅槃。荒れ狂っている煩悩の火が消え、一切の悩みや苦しみ、束縛から脱した絶対的な寂静の境地。）ブッダは人はみな苦しんでいるということを発見し、それを解決する為に孤軍奮闘したのです。全く同様に、古代の人々も人生というものをつぶさに観察し、人生とは欠陥と苦痛に満ちたものであり、それによって心が搔き乱されることを発見したのです。そこで彼らは、「これらの不完全さや限界を克服する方法はないだろうか。これらの苦しみや悲しみを乗り越える方法はないだろうか」と探求し続けました。その結果、ついに、肉体は

六段階の変化の支配下にあるということを発見したのです。それは、誕生、成長、変化、病気、老い、そして最終的に死です。人生が生と死に束縛されている限り、我々は生と死という二つの両端にかけられた人生という綱の上を渡っているようなものだと言えるでしょう。この不安定極まりない人生において、人が対象物から得られるささやかな楽しみは、病気や変化や老いによっていとも簡単に邪魔されてしまう類いのものなのです。では、この世界の不完全さから抜け出す方法はないのでしょうか。古の人々は、非常に実践的な人々でした。今でも真のヒンドゥーはとても実践的です。非実践的で非現実的だと非難されていますが、実はきわめて現実的であるというのはおもしろい事実です。物事が努力するに値するものだと直感した時、その為にはそれこそ自分の命さえ犠牲にする覚悟ができているのです。彼らは、外面的な生活は時間と労力を賭けるだけの価値がないと判断し、それを放棄する覚悟を決めたのです。人々は、彼らは単なる夢想家に過ぎないと冷やかでしたが、ヒンドゥーの実践的な頭脳は、この世界の不完全さから抜け出す方法を求め、直ちに探求を開始したのです。粘り強い不屈の努力によって、遂に人間の思考と経験のまさに最深部にまで突き進み、すべての限界を超えて、真理と直面したのです。そして、究極の至福の法悦状態の中に潜ったのです。そして、この究極の体験の極みから、死すべき運命をもつ人間たちに向かってこう呼びかけたのです。「あなたを永遠の幸福へと導く道を教えよう。悲しみを乗り越える道を教えよう」と。

　人生やそれを取りまく苦悩、人生のままならなさなどについて、つぶさに観察し徹底的に研究を重ねた結果、我々の祖先たちの中にそれらを乗り越える為の道を見つけ出したいという衝動が起こったのです。なんとしても完全なる人生を発見したいという強い衝動を感じ、その切実なる欲求への答えとして、ヨーガが生まれたのです。ヨーガは非常に実践的であり、人々を悲しみの彼方へと連れていき永遠の至福を与えてくれるのです。そして、それはすべての苦しみの消滅と究極の至福をもたらすのです。このように、ヨーガというものは、人が悲しみの存在を理解した時、その悲しみを乗り越え、さらにはあらゆる不完全さや限界、不純物、この物質的で

肉体的な存在さえも乗り越えて、"完全なるもの"であるところの"無限・全き平和・永遠なる命"という生命本来の実相を体験するという、より高次の意識状態に到達するための道の必要性を痛感した結果として誕生したのです。

　このように見ていくと、他の疑問にも自動的に答えが得られます。何故私たちはヨーガを学ばなければならないのでしょうか。この肉体的存在ゆえの不完全さや束縛から完全に解き放たれたいと思わない人がいるでしょうか。最高の至福や法悦状態を味わいたいと思わない人がいるでしょうか。もしそれを望まない人がいるならば、その人は愚か者です。彼は自分の人生を無駄にしている大ばか者であり、全くもって哀れな人間であると言えるでしょう。彼はふくろうのように目を閉じて、「光なんかほしくない」と言っているのと同じなのです。悲しみを乗り越える方法がそこにあるのに、それを拒むのは智慧のなさを示すものです。もし人がヨーガを拒否し、快楽に夢中になっているならば、「ああ、なんと愚かなことだろう。この現象世界において、甘露を拒否し、毒を飲み尽くすとは」というのが、賢者方の感じるところなのです。ヨーガは我々を悲しみの向こう側に連れて行き、永遠の至福、その性質が至福そのものである霊的意識の体験を与えてくれるのです。たとえほんの僅かなヨーガの知識であっても、それは直ちに偉大な内的強さを与えてくれるのです。なぜなら、人は自分の存在の中心を見つけるからです。ヨーガの道は人間存在としての最大の目的を果たすための偉大な生き方であり、人は誰でもヨーガに関心をもたなければならないのです。なぜなら、人はみな悲しみを乗り越え平安と至福を得ることを望んでいるからです。

ヨーガの基本的な概念
　既に述べたように、ヨーガは人間の欲求に対する解決策として生まれました。まさに経験を通して、昔の人々は、地上における人生には限界があり完全ではないことを発見したのです。人の心の中には常にある欠乏感や、それを満たしたいと思っているある不完全さの感覚があります。人が視覚・

聴覚・嗅覚・味覚・触覚などの感覚器官を通じて外界の物質的な対象物から得られる満足は、常に多くの痛みや悲しみを伴います。そこにはまず渇望があります。欲望が満たされない限り、人の心には安らぎがないので、その欲望を満たすための努力が始まります。もしその努力がうまくいかなければ、人は失望します。もし誰かがそれを邪魔しようとすれば、怒りが生じます。又、もし他の人が自分にないものをもっていれば、その時嫉妬が生まれます。しかし、多大な努力を払い、すべての障害を克服して、対象物を獲得したとしても、今度は手に入れたものを失うのではないかという恐れが生じます。そこで、これを安全に保つための心配が始まるのです。恐れと心配という二つのものがそこにある限り、如何なる安らぎも得ることはできません。これら恐れや心配の後に、もし対象物を失えば悲しみがやって来ます。このように、いったん心が対象物に執着を持つと、直ちにそこに欲望が生まれ、それに引き続いて、努力、恐れ、心配、失望、悲しみ、これらすべてが従い、心は決して休まることがありません。

　欲望こそ、心の性質そのものなのです。絶えず思考がやって来て、それらは想像力の助けによって直ちに欲望という形をとるのです。そして、そこに意志の力が働き、欲望を満たすために手や足といった様々な行動器官に指令を出すのです。いったん心の中に欲望が生まれるや否や、心は直ちに「どうしたらそれを叶えられるだろうか」と考え始めるのです。今や"私"或いは"私のもの"といった感覚がそこに生まれるのです。それから意志決定がなされ、行為、努力、怒り、嫉妬、恐れ、心配、失望などが続くのです。
　では、なぜ失望が生じるのかというと、我々は対象に対して抱いている自分なりの概念や思いやイメージというものがあります。しかし、実際にそれを手にした時、それが自分の期待していたものにははるかに及ばないとわかると、そこに失望が生まれるのです。現実と、それについて自分が抱いていた概念とは違うのです。我々の経験の99％はこれにあてはまります。こうして我々は最後には、「名と形をもつものはすべて消滅していくこと。あらゆる関係は一時的なものに過ぎないこと」を悟るようになる

のです。対象物が我々を見捨てる時、或いは死に臨んで我々が対象物を捨て去る時、私たちは悲しみを味わうのです。故に、感覚器官や行動器官を征服することによって、五感の対象物への欲望を無くし、悲しみを乗り越える努力をしなければならないのです。ヨーガは、如何に感覚器官や行動器官を征服したらいいのか、どのように心の支配から自由になったらいいのかを教えてくれるのです。悲しみや不安や失望などの経験を乗り越えさせ、我々を最高の霊的体験に導いてくれる、そのための方法論がヨーガなのです。

「ヨーガの基本とは何なのか」「心が対象物に向かうのは何故なのか」「何故欲望が心の性質なのか」「心の働きを止めることは果たして可能なのだろうか」、これらが次に考察されなければならない事柄です。古人たちは、「結果的に悲しみや限られた経験しかもたらさない、この"心"と呼ばれるものをどうしたら扱うことができるだろうか」を見つけだそうと試みたのです。では、彼らはどのようにしてこの問題に着手したのでしょうか。ヨーガを通して成し遂げられるべき基本的なこととは何なのでしょうか。

　ここで、まず人間というものの有り様について考察してみる必要があります。彼らは、人間は三つの構成要素から成る不思議な混合体であるということを発見しました。私たちは誰でも"私であるところのもの"を知っています。私たちは考えます。知性や推論や論理を使います。人間は理性的な存在です。故に、我々は考えることができ、経験を把握し、推論し、結論を導きだせる、知性を兼ね備えた人間としての自分自身を自覚しています。しかし、ある衝動が我々を捕えた時、私たちはとたんに知性も論理もすべて忘れ去り、ほとんど動物同然になってしまいます。かっとして或いは嫉妬に駆られて暴力をふるう時、私たちはまるで動物のようです。何世紀にもわたる洗練・純化・改善を通して、人類は進化してきました。それによって、この下等な部分はある程度克服されてきましたが、どの人の中にも、未だに人間以下の、教化されていない、完全に動物的な部分があることを、このことは示しています。

　人がかっとなって暴力に捕えられた時、彼は殺人を犯すかもしれないの

です。人は、人間としての普通の精神状態では、決してそのようなことはしません。しばらくして我に返ると、彼自身非常に驚いて、「一体自分がそんなことをするだろうか」とさえ思います。しかし、人間としての機能や自制心が吹き飛ばされた時、とても人間とは思えない下等な部分が完全にその人を支配してしまうのです。これは誰にも起こりえることなのです。我々の祖先たちは、これもまた人間の根源的な部分であり、ある人々においてはただ抑圧されているだけにすぎないということを発見したのです。未開の人種においては、この要素は今でも非常に活発です。アフリカの原住民を例にとってみると、彼らは人間の形はしていますが、まるで動物のようです。人格のこの部分は、神智学においては低次の自我、タントラの方ではパシュ（動物・野獣）、ヴェーダーンタでは浄化されていない心と呼ばれており、その特徴は獣性にあります。この未浄化の心は、誰の中にもあり、統御されている時もあれば、そうでない時もあります。

　私たちは、常に「本当の自分はこの肉体ではない。心でもない。知性でもない」ということを忘れてはなりません。それどころか、人間は霊的な存在そのものなのです。人は、本質において永遠不滅であり、"純粋な存在・知識・至福"で満ちているのです。これこそが、"サット・チット・アーナンダ"（サッチダーナンダ）と呼ばれる人間の真の本性なのです。人間の真の本性は、決して石の欠片のようなものではないのです。人は、「私は"私は在る"というものである」ということを知っています。そして、この"真の自己は至福そのものである"ということに気づくことこそが、人間存在の真実なのです。"サット・チット・アーナンダ"（絶対的な存在・意識・至福）こそが、あなた方すべての真の自己の定義なのです。

　しかし、この意識は普段は心と五感によって覆われているので、私たちは自分のことをこの身体や心だと思い込んでおり、「私はこれをしている」とか「私は悲しみでいっぱいだ」とか「私は嬉しい」などと言っているのです。

　このように、人間は三つの構成要素から成り立っています。それは、本質であるところの神性、無知や凶暴さといった心の闇の部分であるタマス

（暗質）に満ちた獣性、そしてこの両者の中間にある人間性です。人は聖者といる時には、清らかな気持ちになります。一方、悪い仲間といると、なんとなく居心地が悪く、そこから逃げ出したいような気分になります。人は清らかな自分と浄化されていない自分の間で翻弄されているのです。人は低次の動物的な自我に引っぱられるということがあります。その人自身の悪しき習慣、仲間、環境等が、彼をより低い状態に留めておくのです。従って、ヨーガ以前の、もっと根本的な問題は、動物的で粗雑な質をもつ、この低次の自我を何とかして一掃することなのです。人の人間的な部分は、常に「私は向上しなければならない」と言うのですが、低次の自我が彼を引っぱりおろすのです。故に、神聖なる意識が顕現するための障害が取り除かれるよう、"浄化"こそがヨーガの目的なのです。心が浄化された時初めて、神聖なる意識は体験されるのです。心が完全に浄化された時、私たちは常に至福に満ちた真の自己の、素晴らしい体験に与かれるのです。それこそが私たち本来の姿であり、これは"スヴァルーパ"（それ自身の性質、本性）という言葉で呼ばれています。故に、ラージャ・ヨーガ（瞑想のヨーガ）も当然、人間の不純な側面を取り除き、人間的な自己を神聖なる意識にまで高めようとする訓練のプロセスなのです。そして、すべてのヨーガは、その方法こそ違え、この同じ目的のためにあるのです。

　ヴェーダーンタによれば、"マラ"（心の汚れ）、"ヴィクシェーパ"（心の揺れ）、"アーヴァラナ"（覆い隠すもの）の三つが、ジーヴァ（個別の魂）を束縛する障害であると言われています。"マラ"とは心の汚れのことです。怒り、憎しみ、嫉妬、利己心、情欲は、人間の浄化されていない側面であり、これらは「自分はこの肉体である」と思うところから生ずるものなのです。故に、まず最初に、この粗雑で肉体的な性質を取り除かなければなりません。二番目の障害は"ヴィクシェーパ"、即ち心の散漫状態のことです。心は決して集中したり、一つの考えだけを堅持することができません。心は常に、一つのことからまた別のことへと飛び回っているのです。今カナダにいたかとおもうと、今度はドイツにおり、さらにはアメリカにいるというふうです。心のこのさ迷い飛び回る性質を、"ヴィク

シェーパ"と呼んでいます。故に、『ヨーガ・スートラ』では、もしあなたが低次の自我を浄化したいならば、この"ヴィクシェーパ"を取り除かなければならないと言っています。しかし、たとえそれがなされたとしても、そこにはまだ根本的な迷妄であり、覆い隠すものである"アーヴァラナ"といわれるものがあります。それによって、あなたは自分のことを「私はこの肉体である」と思い込んでいるのです。究極の実在の真の本性を覆い隠してしまう"無知"といわれる、この精妙な迷妄、即ち間違った観念が、"アーヴァラナ"なのです。覆い隠して見えなくしてしまうものが"アーヴァラナ"なのです。

パタンジャリは「もし、あなたが霊的進歩を望むなら、何よりもまず、あなたの性質を浄化しなさい。そして、あらゆる好ましくない資質を取り除きなさい」と言っています。故に、彼は、ラージャ・ヨーガのまさに第一段階目に、あらゆる徳の修養を定めているのです。修行者は、それこそ美徳の鏡、完全なる善の人とならなければならないのです。これは、その上にすべての建物が築きあげられるべき土台となるのです。では、一体いくつの徳目があるのでしょうか。もし、あなたが、グルデヴ・スワミ・シヴァーナンダの本を読んだとしたら、修行者が身につけなければならない何百もの徳を見つけることでしょう。しかし、聖者パタンジャリは、この問題を非常に直観的な方法で解決したのです。つまり、彼はあらゆる善の根本である五つの基本的な徳目を選び出したのです。もし、あなたが、これら五つの基本的な徳に堅固に確立するならば、その他の徳はすべて自ずとついてくることでしょう。つまり、もし軍隊の司令官を捕えたなら、軍隊全体があなたの意のままになるということです。故に、パタンジャリは、「これら五つの基本的な徳を養いなさい。そして、それらを完全に自分のものとしなさい。その時、あなたの性質全体が高潔なものとなるでしょう。これこそが、これら五つの徳目のもつ力なのです」と言っています。

これら五つの基本的な徳目の修養が、アシュターンガ・ヨーガの第一段階であり、それらは「ヤマ（禁戒／社会的戒律）」と呼ばれています。こ

れらの中で、一番最初にくるのが「アヒンサー（なにものをも傷つけないこと）」です。それは、肉体的にだけでなく、思いにおいてさえ、如何なる創造物をも決して傷つけてはならないということです。それは、アリのみならず、植物でさえ例外ではありません。決して悲しませたり、危害を加えようとしたりしてはならないのです。どんな生き物に対しても、恐怖を与えてやろうとか悲しませてやろうなどという思いをもってはいけません。人が完璧なる有徳の人や聖者になるには、この徳一つで十分なのです。二番目は、「サッティヤ（真実、正直）」です。常に真実のもとに生きなさい。たとえ命がなくなろうとも、真実に反してはいけません。嘘偽りに同意してはなりません。真実に矛盾するような行為をしてはいけません。思っていることと、言っていること、やっていることがばらばらであってはなりません。三番目は、「ブラフマチャリヤ（禁欲）」です。女性に関して言えば、純潔・貞節を守ることも含まれます。四番目は、「アスティーヤ（盗まないこと）」です。決して人のものを取ろうとしてはなりません。人の財産を羨んではなりません。正当に他の人に属するものを決して奪ってはならないのです。もしすべての国がこの教えを守るなら、どこに衝突や戦争の必要があるでしょうか。最後は、「アパリグラハ（贅沢品を受け取らないこと）」です。贅沢に繋がるような如何なる物も、他人から受け取ってはなりません。

　このようにラージャ・ヨーガの第一段階は、一人一人が完全に徳を養うことを目的としています。これら五つの徳目はラージャ・ヨーガの最初の段階において、修行者が身につけなければならないものなのです。"普遍的な愛と無私の奉仕という生き方"は、人をして聖者の如き人生の上に確立させるのです。そして、それはラージャ・ヨーガの二番目以降の諸段階を築き上げる基礎として大いに役立つものなのです。

ヨーガ的見地からみた心の分析

　人間は理性的な動物であると定義されています。論理的に考えたり、推論する力を与えられている人間のその部分が人間性を形作り、そしてこれ

が人格の中心をなしているのです。

　人をしてより高次の意識状態へと駆り立てるもの、これこそが人間の本質であり、常に純粋で、常に完全である神性（聖性）なのです。それは、生まれることもなく、滅びることもなく、朽ちることもない、不滅の存在としての性質をもつものなのです。それは人間の真の本性であり、心の機能が停止した後でさえ存続していくものなのです。人の寿命が尽き、肉体が死滅する時、その人の全ての精神活動は終焉を迎え、思考作用に基づいたすべての知覚作用もまた終わるのです。しかし、心の働きが停止した後でさえ、人間の本質的な部分である意識は存在し続けることがわかっています。そして、聖賢方の直観による霊的探求によって、意識は鎖の輪に沿って一輪ずつ旅をし続けることが明らかにされています。人間として生まれることは鎖の輪の中の一つなのですが、肉体が消滅し精神活動が停止した後の、意識の連続性についてのあらゆる疑問は、最終的に以下の二点によってしりぞけられました。個人における前世の記憶は残っていることが知られており、その人の前世に関連したデータや事実が検証された結果、あらゆる細部にわたって正確であることが証明されたのです。西洋においては、この意識の連続性について、それほど高い水準ではありませんが、肉体を離れた後の存在と接触できた研究者たちによって立証されています。彼らは西洋文学者や西洋思想家たちの間において非常に有名であり、その主要な人物の一人として、オリバー・ロッジ卿などの名前を挙げることができるでしょう。

　この人間の本質的な部分は、常に人の中に崇高なる志を呼び起こしたり、より高次の意識状態の達成にむかって邁進するよう駆り立てたりするのです。そこにおいて、人は、「如何なる悲しみもその人に触れることはできず、肉体的な苦痛も精神的な苦悩も共に止んでしまう」という体験をするでしょう。途切れることのない至福状態がこの体験の特徴なのです。

　また、人格の中心をなす人間的で理性的な側面の一方に、存在のより粗雑な側面である、残忍で動物的な面があることもわかっています。それは誰の中にも存在する低次の本能的な欲望、肉体的な情欲、不純な衝動などから成り立っているのです。

万物の進化は、下等な状態からより高度な段階へと進化していきます。インド思想においては、個人の意識は存在としての未開な段階を経ていくために、意識の深層にはそれぞれの段階における痕跡が残されており、これが動物的な本性、即ち未だ浄化されていない粗雑な性質を形作っていると考えられています。このように、存在のそれぞれの段階は、その人の中に、各段階の特徴の痕跡を残すのです。動物の段階における顕著な特徴は、"コントロールできない衝動"という形で存在している本能です。衝動は理性によってコントロールできないので、これらの要素が存在における下等な部分を形作るようになるのです。この"獣性"は意識の中で服従させられたり抑圧されたりしているのです。一方、その対極にある"神性"はというと、それは覚醒させられなければならないのですが、潜在的にそこにあるだけで未だ顕在化していません。そして、これら二つの間に、"人間性"が存在するのです。それは常に活動的でダイナミックで、各人の人生において様々な方法で表現されています。しかし、この人間性というものは常に獣性と神性の間で揺れ動いています。人は皆、無理やり獣性を抑圧しようとしますが、この動物的本性は誰の中にも存在しており、程度の差こそあれ依然として活発なのです。それに対して、神性はまだ活性化させられていません。それは眠ったままであり、目覚めさせられていないのです。故に、人は絶えず獣性の方に惹きつけられるのです。

　人間の生活は常に、自分の中の清浄でない部分と、「これは自分にとって価値が無いと思う。人間としてそれはすべきではない」と言ってくれる理性の力との戦いなのです。このような熟慮は理性によってなされるものですが、これは子供の頃からの訓練の力によるところが大きいのです。人は幼少期に、してはならないことや恥ずべきことなどについて、年長者から訓練されます。早期の訓練やしつけ、その家の家風や伝統などが、大きな役割を果たします。もし人が学問も教養もある家庭に生れたならば、当然、彼の生来の素質はさらに洗練されることでしょう。しかし、文明から隔絶された後進国に生まれた人には、理性はほとんど自制心というものを

要求しません。彼らにも理性というものは与えられているのですが、それは文明国の教養ある家庭に生まれた人ほどには機能していないのです。早期の訓練や環境、後になると、その人自身の前世のサムスカーラ（残存印象）などが影響を及ぼし始めるのです。

　"サムスカーラ"とは、過去の一つ一つの経験が心に残した印象のことです。生命は進化し、それぞれの誕生において、人は物事を学び続け、経験から教訓を引き出します。これらの学びはすべて、その人の中に精妙な印象という形で保存されるのです。この過去世の経験や活動から持ち越された印象というものは、プラスのものもあればマイナスのものもあります。これらの印象は、人生のある段階から自我に働きかけ始めるのです。子供の頃は、自我はあまり発達していません。普通、子供が自我をあらわし始めるのはある年齢以降です。その時点から、過去世の印象が働きかけ始めるのです。それはまた、人の考え方や判断力にも直接的に影響を及ぼし、その人にある行動を取らせたりまた避けさせたりするのです。

　我々はまた、社会からの制約も受けています。人々は言います。「これこれをしてはいけない」と。世間において、ある事柄は許されていませんし、またある事柄は忌み嫌われるべきものとみなされています。これらの影響を受けながら、我々の理性的な部分は形成されていきます。そして、この理性と低次元の衝動との間の衝突が、各人の中に葛藤を生み出すのです。その人の中に自尊心とか品位や体面などを保とうという気持ちが働き始めると、それが粗雑で動物的な本性からくる衝動に対して、ある程度抑止力として機能するようになります。もし人が崇高な精神と触れ合ったり、智慧の言葉を聴聞したり、精神を高揚させてくれるような文学を読んだり、神聖な物事についてもっと知るようになるなら、その時、彼の知性は養われ始めるのです。低次の自我に対する自制心は強められ、人はより一層人間性の上に確立するようになるのです。そして、自己を律した人、自制心のある人、低次の本能的欲望や衝動に打ち克つ人となるのです。
　社会における恐れの要素もまた、心の中に潜む低次の本能的欲望に対し

て、ある程度の抑止力として働きます。もし人が不正な行為をすれば、社会から制裁を受けることでしょう。そこには、罰や制裁に対する恐れがあります。しかし、進化のより高い次元においては、恐れは世間から来るのではなく、宇宙の法則が下す罰からくるのです。これらすべてのことが、人をして人間としてのレベルにしっかりと確立させるのに役立ち、さらには、人間の中にある粗雑で未浄化の低次の動物的部分から来る衝動が頻繁に立ち現われるのを防ぐ、監視役としての役目も果たしているのです。

　もちろん、時には衝突も起きます。人が自分の人生について深く思いを馳せる時、誰の人生にも突然、ある瞬間がやって来ます。「一体自分は何のために生きているのだろうか。人生の意味とは何なのだろうか。結局、ある日突然、私はここから去っていかなければならないのだ」と。その時、人はこれまで送ってきた人生に対する満たされない思いを感じると同時に、高次の源からの呼びかけを聞くのです。それは、より善きものへの衝動、より崇高なものへの抑え難き想い、単なるありふれた物質的なものではない何かを経験したいという衝動です。このような時、人は誰もみな哲学者となり、感覚に振り回され続ける物質的な生活を超越しようと試みるのです。しかし、日々の生活のあわただしさの中で、いつの間にか人生の真の目的を忘れてしまうのです。そしてまた再び、彼の人生に「人生にはより気高い目的があるのではないだろうか」と自問自答する瞬間がやってきます。これこそが、我々の中にある、より気高い本性の存在を暗示しているのです。それは自ら体験することができるものであり、実現可能なものなのです。悟りを得た神人たちは皆、「おまえたちはここで何をしているのだ。いつまで無知の眠りを貪っているつもりなのか」と喝破し、人々が目覚めるよう絶えず駆り立てているのです。これこそが、人をして上昇するうねりに乗せ、物質世界の凡庸な営みからの飛躍を可能にさせるものなのです。このように、神人たちは何度も何度も、我々のうちにあって未だ眠ったままになっている、本来の神性を目覚めさせようとしているのです。

　このように、人間の持っている三つの側面を分析することによって、ヨ

ーガの過程において成し遂げられなければならない根本的な課題が明確になるのです。それは、「人間の中にある低次元で動物的な性質を取り除くこと」と「人間レベルの意識をより高次の神の如き意識にまで純化し昇華させること」なのです。この神聖なる意識において、人は肉体と心のレベルを超越し、我々本来の性質である、至福に満ちた真我そのものになるのです。それはまた、人間の意識の最も内奥に輝く真理でもあるのです。もしこれがヨーガのプロセスならば、表面的なアプローチがどんなに異なっていようとも、どのヨーガもすべて、この同一のプロセスを達成しなければならないのです。

　では、様々なヨーガが、実際どのようにしてこの中心的なプロセスを成し遂げているのか、どのような方法で取り組んでいるのかを見ていきましょう。
　人間は、言葉と行動で自分自身を表現しています。その人がいい人なのか悪い人なのか、或いはその人が立派な人生を送っているのか否かは、その人の言動を通してしか知ることができません。人が非常に動物的で純化されていない時、とても残虐な行為をします。彼のすべての行為は、不純で、罪深く、有害です。人に苦痛や悲しみ、破滅をもたらします。また、辛らつな言葉を吐き、人の名誉さえ傷つけます。このように、非情で残酷な行為や言葉を通して、人間の中に潜む悪魔のような本性は顕現するのです。全ては、行為と言葉を通して現われます。そこで、古のヨーギーや見者たちは、この言葉と行為を超越しようと試みたのです。「これらの言葉や行為は、内奥深くにあるものの表れであり、我々は先ず、それらの源を突き止めなくてはならない」。
　行為と言葉をその源にまでたどろうと試みた結果、それらは"想念"に根ざしていることを発見したのです。人が心で思ったり感じたりしたことだけが、後に言葉や行為として表現されるのです。言葉や行為は、外界においては非常に有効なものですが、人生においては大きな混乱を引き起こしたり、素晴らしい幸福をもたらしたりするのです。それらは内面的な力の外面的な表れに他ならないのです。この力とは"思いの力"なのです。

聖賢たちは、彼らのもつ最大限の注意力と智慧のすべてを結集して、ついに非常に神秘的かつ複雑な心の仕組みを解明したのです。これらすべては、心に起こるのです。故に、心についての研究・考察は、ヨーガにおける最も重要な仕事なのです。

　心の分析、人間存在の様々な側面についての詳細な研究、心はどのように作用するのか、心の様々な状態とは何なのか、心の本質的な構成要素とは何なのか等、これらすべてがヨーガの主題となっているのです。彼らは、心は様々な要素ゆえに考え、その表れもまた様々な要素によって異なるということがわかったのです。そこで、行為と言葉をその源までたどることにしたのです。「何故他の考えではなく、この考えが心に起こるのか。思考を支えているものは一体何なのか」。先人たちは、どんどん奥深くまで探求を続け、驚くべき発見にたどり着いたのです。それは何かというと、「思考は全く偶然のものではない」ということです。
　そこで、各自の心の領域に働いている法則を明らかにするために、非常にわかり易い例をあげてみましょう。これらの法則とは、一体何でしょうか。
　例えば、もしあなたが医者を見たとすると、直ちに、病院とか薬局とか薬などの想念がやって来ます。もし制服をきた軍人を見たとすると、戦争とか戦車とか銃とかの想念がやって来ます。これらすべてのことは、あなたの心に起こります。もしあなたが弁護士を見たとすれば、裁判所や判事、判決、刑務所などの想念がやってくることでしょう。この過程には二つのことがかかわっているのです。まず一つは、五感の一つによって知覚された如何なる対象物も、直ちに知覚された対象物と同じ種類の一連の思考を引き起こすという法則です。心の中に一つの想念が起こると、それに関連した想念が次々と引き起こされるのです。それは、「連想の法則」と呼ばれています。この法則は、たとえ目の前に対象物がなくてもいいのです。単に記憶からでも、そのことについて考えた途端に、それに関連した一連の思考が眼前に展開するのです。このように、彼らは、「連想の法則が心の領域に働いていること。そして、それが我々の思考に方向性を与えてい

ること」を発見したのです。

　さらに、非常に興味深いある法則が発見されたのです。それは、心というものはある特有の性質をもっているということです。それは、とても危険で厄介な特質であると言ってもいいかもしれません。これはすべての修行者にとって頭の痛い問題なのです。それは、「心は五感に触れたものは何であれ即座に記録してしまうという致命的な習性をもっている」ということです。ちなみに、あなたは何かをしゃべったり、誰かと会ったり、或いはある経験をしたりするかもしれませんが、それらすべては直ちに電光石火の如く心に記録され、"サムスカーラ"(残存印象)を残すのです。では、何故ヨーギーにとってこれがそんなに重要な問題となるのかというと、この"サムスカーラ"というものがとても独特の性質をもっているからなのです。"サムスカーラ"は、画布の上に描かれた単なる線ではなく、それは"生きている記録"なのです。その意味について説明しましょう。ここに写真による記録があります。感光板を横切ったものは何であれ、直ちにその上に像を結び、永久に保存されます。しかし、それは感光板に残った単なる生命のない無機質的な印象に過ぎません。つまり、感光板に写った像があなたの方にやって来て、話しかけるなどということはありえません。しかし、"サムスカーラ"は、心に刻まれた印象なのです。心はそれ自身で、サムスカーラの原因となったもともとの経験のすべてを、再びその人の中に再生する能力があるのです。これは偶然の出会いやたまたました経験や活動を通してでさえ心に入り込んでくる、"サムスカーラ"というもののもつ性質の非常に重要な側面なのです。

　一つ一つの"サムスカーラ"には、サムスカーラのもともとの原因となった、その経験そのものをもう一度再生するという属性が備わっているのです。このことを、自然界を例にとって類推してみると、よりはっきり理解できることでしょう。大きな木から、その産物として、小さな種を得ます。木は巨大ですが、種はとても小さなものです。しかし、見かけは小さくても、種の持つ驚異的な可能性はどうでしょう。種自体に、その種をもたらしたもともとの木全体を、あらゆる細部にわたって、全く完全に再び作り出す

能力或いはその力が内在しているということです。発芽するための適切な条件と好都合の要因が揃えば、この小さな種は再びその大木をすべての細部にわたってそっくりそのまま再生できるのです。"サムスカーラ"とは、このような性質をもつものなのです。

　誰かがあなたに味見をさせたと仮定しましょう。実際の味覚は、舌の上のわずか５〜７センチの範囲に過ぎないのです。舌がこの味に出会う前は、その味はあなたの中に存在しませんでした。この味が舌の上にある限り、あなたはそれを味わいます。しかしながら、このささいな経験は直ちに記録され、"サムスカーラ"として心に保存されるのです。例えば十年前に偶然ある町である食べ物を食べたとしましょう。もし、あなたがたまたまその町を通りかかったとしたら、突然その時の記憶が蘇ってきます。「1945年、私はここである食べ物を食べたなあ」と。もしあなたがどこかに腰を下ろし、いったんそのことに思いを馳せると、それがどんなにおいしかったか、それが口の中でどのように溶けていったかを心の中で反芻し始めます。これが五感の反応を引き起こし、想像力は直ちにサムスカーラに欲望という形を取らせるのです。

　"サムスカーラ"は、最初は"ヴァーサナ"（心の潜在的傾向性）として、そこにあるだけなのです。しかし、このヴァーサナが活動し始めると、心の中に全過程が再生されるのです。想像力を通してなされたこの再生の過程が、欲望として結晶化するのです。ひとたび欲望が起こると、人は直ちにそれを叶えようとします。その時、人は欲望の奴隷と化すのです。欲望を叶えようとすることは、人間として自然なことです。"エゴ"は直ちにこう言います。「私はそれを手に入れなければならない」。この時、"エゴ"はその欲望と一体化してしまっているのです。しかし、もし"エゴ"がより高次の識別力をもっていたなら、自分の欲望と一体化することなく、より高次の識別力、即ち「私はそれを欲しない」と言い放てる"ブッディ"（知性）に従おうとするでしょう。しかし、通常、"エゴ"には識別する能力は与えられていないので、"エゴ"は常に欲望と一体化して、様々な感覚器官に命令を下すのです。

そこで、あなたは直ちに電話帳を調べ、その食べ物が購入できる店の電話番号を探し始めるのです。もし、番号が見つかれば、すぐに電話し注文することでしょうし、もし番号が見つからなければ、タクシーを呼んで店に駆けつけ、その料理を注文し、心ゆくまで味わうことでしょう。このようにして、その経験は再び再現されるのです。そして、この経験は、また新たな"サムスカーラ"として残り、あなたの古い"サムスカーラ"をさらに強めることになるのです。

　"サムスカーラ"は非常にダイナミックなものなのです。故に、私たちは、「如何なる新しい"サムスカーラ"も作らないために、非常に注意深くあること」の重要性を心に留めておかなければなりません。ヨーガの過程は、"サムスカーラ"を焼き尽くすことを要求します。種子をフライパンの中に入れ、それを火で炒ってしまいなさい。そうすれば、その種子を土に蒔いたとしても、それはもう発芽することはありません。なぜなら、生命の根源が完全に焼き尽くされてしまっているからです。"サマーディ"(三昧)において、これと同じことが起こるのです。私は今たった一つの"サムスカーラ"について話しているだけで、まだ何千何万という数え切れないほどの"サムスカーラ"があるのです。毎日朝から晩まで、意識していようがいまいが、私たちは五感の経験を蓄積し続けているのです。私たちが経験するすべてが、"サムスカーラ"になるのです。私たちは起きている間じゅう、生活のあらゆる瞬間に、"サムスカーラ"を獲得し続けているのです。故に、賢者たちは、「すべての"サムスカーラ"を一つ一つ消滅させることは不可能である」と言っているのです。原爆はたった一発落とされただけで、数え切れないほどの人がいっぺんに死んでしまいます。それと同様に、彼らが授けた武器が、"サマーディ"なのです。この超意識の経験は、すべての"サムスカーラ"をいっぺんに焼き尽くしてしまうのです。このように、無数の"サムスカーラ"を瞬時に焼き尽くしてしまうのが、ヨーギー（ヨーガを行ずる者）のやり方なのです。そして、これは深い強烈な瞑想によってもたらされるものなのです。"サムスカーラ"の消滅により、人は束縛から解放されるのです。以上がヨーガのプロセスです。

これは、古のヨーギーや賢者たちが心の探求において見つけたいくつかの発見の中の一つなのです。故に、ラージャ・ヨーガの全過程は、「心の"サムスカーラ"を焼き尽くす為の方法論である」と言うことができるかもしれません。

　さてここで、心に関連したさらにいくつかの一般的な点について、またこの現象世界の維持における心の果たす役割について触れなければなりません。さらに、心がどのようにして"意識"を限定された個人という枠組みの中に押さえつけているのか、思考のもう一つの法則について、思考の構造について、思考がどのように機能しどのように具体化するのかというようなことについても見ていきましょう。これらは大変重要な事柄なのです。私たちは、「思考というものは、単に人の内面に関係する心の中だけに存在するものではない」ということを知らなければなりません。というのは、思考は明らかに外界に対しても強力で実質的な影響力を持つからです。人の活動のあらゆる領域において、思考というものは、その人の人格の明確な部分として結晶化するのです。それだけでなく、思考は、様々な状況や実際の経験として外界に対象化する力をもっているのです。故に、私たちは自分の思考に対して常に注意深くあらねばならないのです。
　私たちは、「何を考えるのか」「どう考えるのか」を知らなければなりません。私たちは何がよい考えであるかを知っているかもしれませんが、その思考を保ち続けることはできません。恐らく自分が望まない別の思考が執拗にやって来て、我々の意識を占領してしまうからです。これは一般的な経験であり、"自分というものは思考とは異なったものである"ということをまだ理解していない人々にとっては誰にもあてはまる法則なのです。しかし、もしそう望むなら、人は心の主（あるじ）となり、思考を自分の望む如何なる方向へも推し進めることができるのです。そのためには、人は真理を知り、「自分と思考とは別々のものである。思考は私の本質的な部分ではない。思考とは私が動かすことのできるものであり、私が思考によってたえず振り回される必要はないのだ」ということを自覚しなければならないのです。人がこの真実に気づかない限り、常に思考によって翻弄される

ことでしょう。しかし、目下のところ、思考を動かしているのはあなたではなく、思考の方があなたを駆り立てているのです。故に、我々は、内部において思考がどのように作用しているのか、そしてそれが我々の人生にどのような影響を与えているのかについて、知らなければならないのです。

次に、サダナ（霊的修行）における統一性についてです。私たちはこれまでに、人間の中に潜む低次元で粗雑な動物的部分に束縛される根本原因は、誤った思考であるということがわかりました。即ち、あくまで低次の本性に従おうと固執する思考のことです。さらに、欲望、怒り、情欲、貪欲さ、利己的な心、嫉妬、執着など、これら原始的でネガティブな資質に基づいた思考がどのように人間の低次元の本性をささえていのるかも理解しました。また、思考の根源まで行き着いた先人たちが、「ヨーガの最大の関心事は、思考に対して完璧な支配力をもち、人間の性質に完全なる変容をもたらすことである」ということをどのように発見したかについてもみてきました。もし心が低次の自我に忠実だとしたら、それは意識を低いレベルからより高い次元へと引き上げる時、何の役にもたちません。しかし、心が真の自己と結びつくならば、それは低いレベルから精妙な霊的次元への意識の上昇にとって、効果的で適切な回路となってくれるのです。故に、彼らは心とその神秘について研究したのです。

　心の変容（心の質的転換）はヨーガにおける最大の関心事であり、もし不純なものから純粋なものへ、有限から無限へ、粗雑なものから精妙で霊的なものへという変容がもたらされなければならないとすれば、すべてのヨーガは必然的に、少なくともその本質において、同一の過程を達成しなければならないということもわかりました。そこで、見かけは異なっているように見える四つのヨーガについて、そこにどのようなサダナの統一性がみられるのかについてみていきましょう。

　ヴェーダーンタ哲学によれば、人に"他から独立した個人的存在"という感覚をもたらす根本的な原因は、根源的な無知にあります。この根源的な無知は、まず最初、不可分の単一体、"一なるもの"である不二一元の

至高の意識の中に、二元性を見るという形で現れます。その時、無知ゆえに、「私と世界とは別々のものである」という感覚が起こるのです。この二元性は、"アディヤーサ"（重ね合わされたもの、誤った自己同一化）と言われるものによって引き起こされるのです。

　意識は"無限なるもの"と結びつく代わりに、この有限な個人の肉体と結びついてしまうのです。これが無知の最初の現れなのです。「私はこの肉体である」「私はこの心である」「私はこの感情である」「私はこの思考である」などといったこれら一連の自己同一化は、「私は独立した存在である」という一番最初の根源的な誤りに根ざしているのです。この最初の二元的な観念が、次々と誤った自己同一化の連続を引き起こすのです。あなたは、"純粋意識"の上に、本来の自己ではない様々な形相や特質を重ね合わせてしまうが故に、そこに世界というあらゆる現象が生じてくるのです。

　まず最初に無知があります。そこから二元性が生じ、肉体や心との誤った自己同一化（自分をこの肉体や心だと思うこと）が引き起こされるのです。この無知というものは、誤った思考に基づいているのです。故に、このプロセスをひっくり返すための強力な手段として、正しい思考のプロセスが提唱されたのです。スワミ・ヴィヴェーカナンダは、これについて"現代の催眠術"という言葉で言及してきました。彼は、「人間は"自分はこの肉体である"という誤った思考の催眠にかかったままである」と言っています。あなた方はこの催眠状態に終止符を打たなければならないのです。ヴィヴェーカナンダは、「ヴェーダーンタこそ正しい思考と正しい識別による最強の"催眠状態からの覚醒"である」と言っています。あなた方は目覚めなければならず、そのためにこれは実に適切な方法なのです。ヴェーダーンタの修行法のすべては、"正しい探求"を基盤としています。探求するためには、正しい識別の過程を知らなくてはなりません。そのためには先ず、「真理とは何か」を学ばなくてはなりません。その時にのみ、あなたを真理へと導いてくれる方向に沿って考えることが可能となるのです。故に、先ず、真理について聴聞するよう指示したのです。

　人は常に識別し、正しい思考の流れを堅持し続けなければなりません。

その為に、ヴェーダーンタは、あなた方の思考の流れが常に真理に向かうような枠組みを用意したのです。そして、聴聞した真理についてたえず心の中で熟慮することによって、あなたは実際にそれに取り組むのです。この熟慮の頂点において、あなたは深い瞑想状態に達するのです。そこにおいて、"サマーディ"（三昧）として知られる様々な種類の超意識状態を体験し、そして、すべての心の動きが静止した時、あなたは最高のアドヴァイタ（不二一元）である"ニルヴィカルパ・サマーディ"（無分別三昧。ブラフマンとの完全合一の境地）に到達し、無知の束縛から完全に解放されるのです。心の作用が停止した時、もはやまちがった経験をすることなどありえないのです。以上が、ヴェーダーンタの修行法の内的なプロセスです。

　自分自身をこの肉体的な人格と同一視することなく、自分は最も内奥に存在する"無限・無形の至高の実在と一体である"ということを常に思い起こしなさい。

　しかし、思いというものは様々な形で現れるのです。感情として表現された思いは、様々な誤った執着や愛着、即ち"モーハ"（迷妄、妄想）を生じさせるのです。それは、いずれは滅んでいくものへの愛着や、自分の肉体や自分の人生に関連した事柄への執着などです。この"モーハ"（実在を非実在と考えたり、非実在を実在と考えたりすること）というものが、"純粋意識"を間違った感覚や感情などといった限定された性質に縛り付ける、もう一つの要因となっているのです。"モーハ"によって、"私のもの"という感覚が生まれます。それは、例えば「私の家」「私の子供」「私の財産」などといった感覚です。故に、賢者たちは、誤った感情、誤った束縛、誤った愛着などといった、心の間違った現れであるこの側面に対処するために、"分離と結合"（引き離すことと結びつけること）という方法を考え出したのです。つまり、世俗の対象物から人の感情的側面を全面的に引き離し、それを神聖で完全なる存在に向けてやるのです。これが、"バクティ"（神への信愛、帰依）や"イシュタ・デーヴァタ"（理想神）の考え方の基本となっているものです。

第1章　序説

　この世のはかない事物に、感情的にまた感覚的に執着することなく、感情を浄化し、離欲を養いなさい。そして、あなたの思いのすべてをかけて、神聖で完全なる存在を愛しなさい。あなたの愛情のすべてを完全で神聖なる理念や存在に向けなさい。外界の対象物からゆっくりと心を引き離し、それを全てに浸透している神聖なる存在に固定し続けること。これが心や感情を浄化するもう一つの方法なのです。この時、神の信者が選ぶ神聖なる存在が、"イシュタ・デーヴァタ"として知られているものなのです。

　例えば、キリスト教徒のように、たった一つの理想神しかない人々は、様々な側面を持つ"至高の実在"などという概念は想像だにできません。彼らには、"天の父"というたった一つの側面しか存在せず、膨大なキリスト教徒たちは皆その信者たちなのです。彼らは皆、神の愛人たちなのです。しかし、たった一つの理想神しかもたない彼らでさえ、人間らしい衝動には抗しがたいことがわかるでしょう。というのは、彼らはキリストを常に完璧なる花婿として愛することを好みますが、ある人々は、その敬愛を十字架に磔にされたキリストに捧げ、彼の受けた受難を自ら進んで受けることを好みます。また、聖母マリアの腕に抱かれた幼子キリストを愛することを好む人々もおり、彼らは大人のキリストにはあまり興味を示しません。また、彼が弟子たちと共に世間で活動していた時のように、霊性の師としてのキリストを崇拝する人々もいます。このように、全く同じ宗教内においてさえ、信者の気質や傾向性によって、一つの神の様々な側面が、信者の様々な愛を惹き付けるのです。

　ヒンドゥー教においては、人が低い次元からより高い次元へと意識の変容を遂げるための多様な機会を提供するために、数限りない表明とバーバ（心情的態度）を提示してきましたが、ここでは、純粋に感情面からの心へのアプローチについて取り上げたいと思います。賢人たちは、人間的なものへの執着から人知を超えた神聖なるものへの愛へとそのスイッチをスムーズに切り替えられるよう、様々なバーバを示してきました。もしあなたの神への愛が、親の子供に対する愛のようならば、それはヴァーツァリヤ・バーバと呼ばれます。また、神を自分の友達として愛するならば、それはサキヤ・バーバといいます。『バカヴァット・ギーター』のアルジュ

ナの愛はそれでした。ごく普通の信者や献身的な召使いの愛もまた神聖で理想的なものへと変容させることが可能です。これは、いわば主従間の愛です。このように、"バクティ・ヨーガ"（信愛のヨーガ、神への信愛と帰依の道）と呼ばれるこの方法を通じて、感情の領域でのあらゆる愛情は、神聖なる愛へと変容させることができるのです。

　心はまた、様々なコンプレックスとしても現れます。人はみな、様々な物事との係わり合いによって引き起こされる、様々なコンプレックス（優越感、劣等感、固定観念、脅迫観念など）をもっています。もしあなたが美しい肉体をもっているとすれば、「自分はとても素敵だ」と自信をもち、優越感を感じることでしょう。もし財産をもっているとすれば、「私は金持ちだ」と思い、財産のない人たちを軽蔑の気持ちで眺めることでしょう。もし博識であったり、或いは、大学教授や講演者であったりするならば、これらもまた、「私は人に教える立場なんだ」という優越感を生み出すことでしょう。音楽でも運動でも何であれ、自分が得意とするものは、直ちに"アビマーナ"（自尊心、傲慢さ）として結晶化するのです。人は、自分の生まれや育ち、財産、学識、体力、美しさ、権力、地位などに対する優越感をもっているかもしれませんが、これらすべては"アビマーナ"と呼ばれるものなのです。そして、これこそが人間にとって最も恐ろしい束縛となるのです。というのは、これらすべての優越感は、直接的に身体と結びついているからです。故に、人は決して"アビマーナ"の束縛から逃れられないのです。

　ヴェーダーンタは、まさにその根源にまで遡り、"肉体意識"（「私はこの身体である」という意識）そのものを破壊するのです。しかし、まだ高次のヴェーダーンタにいくための準備が整っていない者、あるいは未だ多くのプライドに捕えられたままの者にとっては、まずこれらすべてを粉砕することが先決です。では、それはどのようにしたらいいのでしょうか。完璧に謙虚になることによってです。これらの思いをすべて捨て去り、自分のことを「どこにでもいるもっともありふれた人間、もっとも低き者にすぎない」と感じなさい。自分自身を、"ごく普通の、ただ人"にして

いく過程こそが、あらゆるアビマーナを完全に放棄していくことになるのです。そして、これは"カルマ・ヨーガ"（行為のヨーガ）と呼ばれる、素晴らしい方法によってなされるのです。カルマ・ヨーガを実践する者は、決して他の人から労働を提供してもらってはなりません。自分の服は自分で洗い、自分の部屋は自分で掃除しなくてはなりません。骨の折れる労働をすることを恥じてはなりません。「自分は取るに足らない者なのだ」と感じなさい。もし、あなたが本当にアビマーナを取り除きたいならば、低次の心が嫌がるあらゆることをしなくてはなりません。このように、"カルマ・ヨーガ"は、"アビマーナ"に対する戦線布告なのです。もし年老いた婦人が荷物を運べないでいたら、カルマ・ヨーギーなら直ちに走って行って、それを持ってやることでしょう。しかし、普通の人は、アビマーナ故にそれができないのです。人は誰も自分の方から先に頭を下げたくはないのです。アビマーナを擦り落とすようたゆみない努力を続けなさい。

　ガンジーは、最高のカルマ・ヨーギーでした。彼は、彼のアシュラムのあるワルダーへ来る者は誰でも、最初の三ヶ月間は便所掃除を義務付けました。インドでは、便所掃除というのは、最も卑しい仕事であると見なされており、それは不可触民といわれる階級の仕事なのです。もし、あなたが彼らに触れれば、あなたはすぐに洗い清めなければなりません。アメリカでさえ、上流階級の人々は下層階級の人とは交わりません。そこには社会の階層と富の違いによる壁が存在するのです。イギリスにおいては、これには全くはなはだしいものがあります。
　あなたがこれは自分の品位を損なうと感じる仕事をしなさい。というのは、自分自身を"取るに足らない者"とするためには、すべての優越感を一掃しなければならないからです。それはあなたをシンプルで謙虚な優しい人間にしてくれ、あなたのハートを開いてくれることでしょう。そして、あらゆる人との一体感を感じさせてくれることでしょう。このようなことが、意識をさらに高い次元へと引き上げ拡大していくための準備なのです。浄化された心には、神の清らかな思いが現れるのです。
　カルマ・ヨーガについてはそれ自体独立した一つのヨーガであると捉え

ている人達もいますが、一方で、カルマ・ヨーガは補助的な手段に過ぎないと考えている人達もいます。

"ラージャ・ヨーガ"（瞑想のヨーガ）において、パタンジャリは、探求によって根源的な無知を打ち砕かなければならないと言っていますが、"カルマ・ヨーガ"では、動機のない奉仕を通して完全なる謙虚さを養うことによって、これら心に深く根ざした"アビマーナ"の一つ一つを根こそぎにするよう努力しなければならないのです。特に地位の高い人々は、奉仕というものはより劣った者のする仕事であるとみなしています。だからこそ、それをするのです。誠実で献身的な、動機なき奉仕をしなさい。キリストはそれを見事なやり方で見せてくれました。彼は最後の晩餐の前に、弟子たちの足を洗ったのです。（それは当時、奴隷が主人のためにする仕事でした。）

またパタンジャリは、「心は邪悪なものや儚い一時的なものに惹き付けられる。ならば、このやっかいな奴を完全に押さえつけたらどうだろうか。我々は、完全に彼の動きを止めてしまわなければならない。その時、一体彼に何ができるだろうか。故に、発電所のメインスイッチ（主電源）を切りなさい。そうすれば、心のあらゆる気まぐれは止むことだろう」と言っています。

心の波を静める

あらゆる思考作用は、心の活動にその根をもっています。というのは、心が活動的になると、気持ちや感情、またあらゆる類いの誤った認識などが生じるからです。故に、心の活動を止めなさい。これまでに、心が活動し始めた時にまず最初に現れるものは何かということについて話してきました。まず心の湖にさざ波が起こります。そこに想像力が働きかけ、欲望が生じるのです。この一番最初のものは、単なる想念にすぎません。それは最も単純な心の投影であり、如何なる心理的傾向性ももたないものです。この想念に想像力とエゴが結びついた時にのみ、そこに思考の全過程が生じるのです。想念自体には何の力もないのです。しかし、あなたがそれに執着した時、それは手に負えない厄介者となるのです。故に、賢者たちは、

「あらゆる想念を完全に制御しなさい。心の表面に、たった一つのさざ波でさえもたつことを許してはならない。微かな動きもないほどに、それを完璧に静めなさい。心そのものの最初の現われを阻止しなさい」と言っているのです。パタンジャリの『ヨーガ・スートラ』のまさに最初のスートラ（経句）も、「ヨーガハ　チッタ　ヴリッティ　ニローダハ」（ヨーガとは、心の作用の止滅である）なのです。

　心の動きが完全に静止した時、超意識そのものが現れ出るチャンスが与えられます。このより高次の意識が顕現するための必要条件は、"心の絶対的な静止状態"なのです。サマーディ（三昧）において、至高の意識が顕現した時、すべてのヴァーサナ（心の潜在的傾向性）は焼き尽くされるのです。現象世界の事象からも、このことは類推可能です。あらゆる種子は、その中に、将来木になる可能性を秘めています。しかし、もしその種子を炒ってしまったら、それをどんなに肥沃な土壌に植え水をやったとしても、それはもはや芽を出すことはありません。故に、ヨーガでは、「ヴァーサナは知識の火で焼き尽くされなければならない」と言われています。
　パタンジャリは、本来の自己でないものを自分だと思い込ませるアディヤーサのまさに根源にまで遡り、この厄介者をきっぱりと阻止するように言ったのです。そして、ラージャ・ヨーガにおいて、心の動きを完全に止める為のテクニックを示したのです。

　このように、あらゆるヨーガは、個別意識を邪悪な低次の自我に堅固に従属させてしまう心というものに、様々な側面から取り組もうとする試みであることがわかったと思います。このように様々なアプローチがあるということは、人によってその人のもつ傾向性が異なっているので、誰に対しても対応できるようになっているということです。しかし、スワミ・シヴァーナンダジは、偏ってはならない、あなたがラージャ・ヨーガを行ずるならば、他のヨーガも補助的に続けていかなければならないと言っています。シヴァーナンダジは、これらのヨーガを統合することを提唱しているのです。あなたは、バクティ・ヨーガ、カルマ・ヨーガ、ラージャ・ヨ

ーガ、ギャーナ・ヨーガ（知識のヨーガ）など、すべてのヨーガを知っていなければなりません。これらを総合的に修行することがいかに有益なことであるかを、きっと理解することでしょう。

　これら様々なヨーガのどれもが、「"誤った自己同一化を引き起こしている無知の状態" から、"高次の意識状態" へと心を変容させる」という同一の過程を遂行するものなのです。ただそのアプローチの仕方が、個人のもつ傾向性によって、それぞれ異なるというだけなのです。

　心に抱かれたどんな思いも強められ、心の中でその思いを繰り返すという傾向が作り出されます。もしあなたが何かを思ったとしたら、心の自然の性質として、何度もそのことを考えます。意識的に心の中に抱かれた思いというものは、反復されるのです。そして、あなたが抱いた如何なる思いも、やがては行為として現れるようになるのです。もしあなたが慈悲深い思いを抱くなら、それはあなたに慈悲深い行為をさせることでしょう。もし官能的で貪欲な思いをもっているなら、それはあなたを飽くなき官能的行為へと駆り立てることでしょう。怒りに満ちた思いは、あなたを残酷な行為へと走らせることでしょう。また、情熱的な思いは、あなたに情熱的な行為をさせることでしょう。このように、どんな思いも人をしてそれに応じた行為をさせるのです。

　そして、一度為された行為は再び繰り返されるという傾向があります。これは行為の習性なのです。もし同じ行為が繰り返されるなら、それは習慣となり、やがて無意識にそのような行為をするようになるのです。習慣はある特定の考えに固執することによって引き起こされ、それはあなたの人格にまで影響を及ぼすようになるのです。そして、人格はあなたの運命を形作るのです。このように、思考から行為が、行為から習慣が、習慣から人格が、人格から運命が形作られていくのです。故に、正しい思考を保持することがいかに重要であるかということが理解できたと思います。そのためにも、霊的進歩やその内面的展開にあたって妨げとなるような思考はすべて注意深く取り除いていかなければならないのです。

ヨーガの修行について

　霊的な意識が展開するにあたっての、最大の敵は心です。心は、渇望や不安定さなどといった心の諸状態において、最大の障害として作用するのです。もし心が完全に安定しているならば、アートマン（真我）それ自身の光の反射で満ちています。しかし、アハンカーラ（自我）は、決して我々に自己の本性を悟らせようとはしないのです。記憶作用もまた、大きな障害となります。さらに、これら心の様々な側面とともに生じる識別力のない心もまた、アートマンの殺戮者であり、アートマンの意識が顕現することを許さないのです。

　思考には、それを行動に移したいという抑えがたい傾向性があります。あらゆる行為は、人の性質において癖になり、たえずその習癖に従っていると、それはその人の性質の重要な部分となってしまうのです。人のあらゆる振る舞いは、性格に基づいています。そして、あらゆる行為は、後に反応という実を結ぶ種子となります。人は生きている間じゅう、自分の運命を形作るカルマという建物を築き上げているのです。

　私たちはこれまで、思考がどのようにその人の運命を左右するのか、選び抜かれた思考や正しい考え、また間違った考えを避けることがいかに重要であるかということについて学んできました。さらに、ラージャ・ヨーガの科学において、究極のテクニックが、心の根本的な活動である心のあらゆる働きをどのように停止させようとしているかについてもみてきました。

　しかし、私たちはすでに、好き嫌い、思考、想像力、空想といったような心の広範囲な諸相に巻き込まれてしまっています。故に、心の根源まで行き着く前に、これらを破壊しなければなりません。もしあなたがライオンを攻撃しようとするなら、まずジャングルに行き、最終的にライオンの穴にたどり着かなければなりません。心の働きは、ライオンの穴に相当します。あなたは先ず、欲望、憎しみ、嫉妬などといった、心の様々な現れを切り捨てなければなりません。さらには、誤った思考によって引き起こされた誤った行為の数々も正されなくてはなりません。これらは標的にたどり着くまでの、攻撃の射程を絞り込んでいくプロセスにあたるのです。

外に向おうとする心の広範囲な現れにおける心の働きをカットするために、パタンジャリは、ラージャ・ヨーガを説いたのです。そして、それは非常に科学的かつ系統的な方法でなされました。人を低い方へ引っぱろうとする粗雑で低次の自我をもちつつも、理性的な存在としての人間的本性があり、さらには本質的な霊的本性というものがあります。その間に、心を賦与されているが故に"考えることができる存在"としての人間がいます。この考える能力こそ、人間と人間より下等な生き物たちとを区別するものなのです。

　人間の真の本性についての考察とは別に、パタンジャリは、実際に人間はどのように成り立っているのかを研究したのです。それはヒンドゥー教徒でもイスラム教徒でもなく、地上に生を受けたら人生最後の日まで存在し続ける、普遍的な人間についての考察なのです。最初に、人間は本質的に純粋な存在であるということを発見しました。人は本質的に魂であり、霊的な存在なのです。人間の究極の本質はその存在にあるのです。人は誰も自分が存在しないなどということを想像することはできません。というのは、もしあなたが自分の非存在を想像しなければならないとしたら、それを想像する人がいなくてはなりません。従って、それを想像する人は究極の存在ということになります。人間の究極かつ永遠の本質は、"存在そのもの"なのです。「私は在る。私は純粋な存在である。ただ在ること」。この人間の本質的な部分は、人格の根本となる部分なのです。しかし、パタンジャリは、この根本的な事実は内部にあり、人が他人を見る時、最初に目にするものはその人の肉体であるということに気づいたのです。

　人間としてあるという経験は、単にある姿形、外見、容貌に過ぎないのです。故に、パタンジャリは、人間という粗雑な肉体の鞘があると言っているのです。しかし、それは人間の一側面に過ぎず、その内部に考える人が存在するのです。それが人間の精神的な側面である、精神の鞘なのです。観念作用が起こると、思考が生まれます。そして、その思考を表現するために、肉体は行動させられるのです。人の全人生は、まさにその人の思考

の表現なのです。そして、それは様々な行動として表れます。パタンジャリは、これらの間には関連性があると言っています。つまり、考える人と行動する人の間には、行為をするための力が存在するのです。ある特別な目に見えない内的な電気があり、それが人に行為をさせるのです。この力をプラーナ・シャクティといいます。これが人間に生命を吹き込み、それなくしては、あらゆる感覚器官は全く機能できないのです。目はプラーナ（生命エネルギー）の力を通して見、耳はプラーナの力を通して聞き、舌はプラーナの力を通して話すのです。

　死ぬ時、このプラーナは引き揚げられ、旅立ちの過程が始まるのです。死とは、身体からプラーナが去っていくことを意味します。実際、私たちはみんな、動いたりしゃべったりするしかばねに過ぎないのです。プラーナが去ってしまった時、私たちは全くピクリとも動かないのです。何故なら、プラーナが身体を動かし、行動させ、食べさせるのです。これらすべては、プラーナの力のおかげなのです。そして、その背後には、純粋な自己があるのです。

　しかし、常にある特有の混乱が存在してきました。即ち、私たちは自分を心と同一視してしまい、心を自分だと思い込んできました。しかしながら、稀に、無意識的に、何ものとも結合していない"目撃者"としての真の本性が現れることがあります。あなたが「私の心は落ち着きがない」と言う時、あなたは無意識的に、自分と心とは別であるということを認識しているのです。あなたが、「私の心は落ち着きがない」「わたしは心をコントロールできない」などと言う時、あなたは心と一体化していないのです。これらはあなたの真の本性について自然に発せられた言葉なのです。

　肉体の鞘、生命を司るプラーナの鞘、精神的な鞘という人間の三つの側面は、一時的なものであり、過ぎ去っていくものであり、表面的なものに過ぎず、人間存在の本質的な部分ではないのです。その本質は"存在そのもの"なのです。あなたは、"純粋なる存在"であり、"不生、不滅、永遠であり、原初からそこにあった"のです。人は、最も粗雑な肉体の鞘、プラーナの鞘、精神の鞘によって覆われてしまってはいますが、本質においては純粋な存在そのものなのです。

このような人間考察によって、パタンジャリは段階的な方法を打ち出したのです。それは非常に綿密かつ科学的に考案された方法なのです。

ラージャ・ヨーガ
　では、一体いくつのヨーガがあるのでしょうか。それは数限りなくあります。あなたを悲しみから解放し、真の喜びを与えてくれるものは何でもヨーガなのです。様々な修行法がありますが、本質的にヨーガもその一つです。人は皆、異なった能力や傾向性をもっており、それに対応するために、実に様々な修行法があるのです。様々な気質や素質に対応するために、古人たちは、多種多様な道を用意してきましたが、しかし、これらはお互いに対立するものではないということを、先ず心に留めておくべきです。これらすべての道は、究極的には全く同じ結果を得るのです。3に7をたしても、4に6をたしても、5に5をたしても、結果はどれも10になるのと同じです。同様に、表面的にはどのヨーガのプロセスも異なっているように見えますが、内側におけるその中心過程は全く同じなのです。

　その中心的な過程とは一体何なのでしょうか。聖賢方は、「真実を覆い隠しているヴェール（覆い）がある」と言っています。そのヴェールは、"宇宙的な実在" に対しては「マーヤー」（迷妄、幻影／実際には存在しないのに、あたかも存在しているかのように錯覚すること）と呼ばれ、"ジーヴァ"（個別の魂）に対しては「アーヴァラナ」（覆い隠すもの）と呼ばれています。個々の魂は、通常は、個人的な意識の中に閉じ込められていますが、このヴェールが取り除かれた時、個人の魂は至高の魂との同一性を悟ることができるのです。そして、あらゆるヨーガの目的は、「このヴェール（覆い）を取り除くこと」なのです。ギャーナ・ヨーガにおいてもバクティ・ヨーガにおいてもラージャ・ヨーガにおいても、この中心的な過程は全く同じなのです。どのヨーガも各人のもつ顕著な面に働きかけ、それを通して、個々の魂に至高の魂との同一性を悟らせるのです。

　人間には、知性や感情、また内省といったような神秘的な能力が与えられています。自分にはどのヨーガが適しているのかは、その人の気質の中

でどの能力が最も支配的であるかが判断の手がかりとなります。もし知性が支配的であるなら、その修行者は知識の道であるギャーナ・ヨーガへ進むべきでしょう。もし感情が支配的ならば、信仰の道であるバクティ・ヨーガを通じて真理へ至るのがいいでしょう。もし内省など神秘的な能力に優れているならば、ディヤーナ・ヨーガ（瞑想ヨーガ）とも呼ばれている、瞑想的なラージャ・ヨーガがいいでしょう。そして、カルマ・ヨーガ（行為のヨーガ）は、すべての人に共通したものです。あなたがギャーナ・ヨーガの修行者であろうが、ラージャ・ヨーガの修行者であろうが、バクティ・ヨーガの修行者であろうが、カルマ・ヨーガは必要です。行為の結果に執着することなく世の中で働く秘訣が、カルマ・ヨーガなのです。そして、"アナサクティ"（無執着）こそが、カルマ・ヨーガの秘訣なのです。我々をあらゆる束縛から解き放ってくれるのは、"執着のない行為"なのです。

　ラージャ・ヨーガは、霊的直感力に優れ内向的な気質をもった人に向いています。では、それはどのように進めたらいいのでしょうか。ラージャ・ヨーガには、明確な八つの段階があります。故に、「アシュターンガ・ヨーガ」（八段階のヨーガ）と呼ばれることもあります。アシュタは「八」、アンガは「部分」を意味します。

　例えば、ギャーナ・ヨーガにおいては、最初に修行者が習得しなければならない四つの必要な能力というものがあります。それは、識別力、冷静さ、六つの徳（心のコントロール、五感の制御、忍耐力など）、解脱への強烈な切望の四つです。これらの準備が整ったら、修行者はグル（霊性の師）のもとへ行き、彼の口から真理について聴聞しなければなりません。この真理について聴聞することを、「シュラヴァナ」といいます。それから、聴聞したことについて熟考を重ねなくてはなりません。これを「マナナ」といいます。さらに、それについて絶えず深い瞑想を施さなくてはなりません。これを「ニディディヤーサナ」といいます。これがギャーナ・ヨーガの三段階です。

　ギャーナ・ヨーガにおける三段階のように、ラージャ・ヨーガには八段階があります。故に、前にも述べたように、「アシュターンガ・ヨーガ」

とも呼ばれています。また、ラージャ・ヨーガを説いた賢者パタンジャリにちなんで、「パタンジャリ・ヨーガ」と呼ばれることもあります。ラージャ・ヨーガは、あらゆるヨーガの中で、もっとも科学的かつ論理的です。故に、「ヨーガ」という用語は一般的にはラージャ・ヨーガをさし、ヨーガの哲学体系といえば、パタンジャリのアシュターンガ・ヨーガを意味するのです。ただ伝統的には、ラージャ・ヨーガと呼ばれています。すべての道は最終的には瞑想にまで高められなくてはならないのですが、とりわけラージャ・ヨーガでは瞑想を非常に重視するので、「ディヤーナ・ヨーガ」(瞑想ヨーガ) としても知られています。

　ラージャ・ヨーガの八段階は、「ヤマ (禁戒／社会的戒律)、ニヤマ (勧戒／個人的戒律)、アーサナ (坐法)、プラーナーヤーマ (調気)、プラティヤハーラ (制感)、ダーラナー (集中)、ディヤーナ (瞑想)、サマーディ (三昧)」です。これらのうち、ヤマ、ニヤマ、アーサナ、プラーナーヤーマは準備段階にあたり、厳密な意味でのヨーガは、プラティヤハーラ、つまり心や五感を切り離すことから始まります。

　ヤマは、いくつかの徳目を養うことです。ニヤマは、いくつかの日常的な戒律を守ることです。アーサナは、完全に安定した姿勢を獲得することであり、プラーナーヤーマは、内的で精妙なプラーナ (生命エネルギー) の流れと関連している、我々の粗雑な肉体レベルの呼吸をコントロールすることです。プラティヤハーラは、外界の対象物から五感や心を引き離すことです。ダーラナーは、心を瞑想の対象に固定することです。ディヤーナは、ダーラナーに熟達し、心を不断に途切れることなく瞑想の対象に固定し続けることです。ダーラナーは時々起こりますが、ダーラナーを完全にマスターした時、心を長時間堅固に瞑想の対象に固定することが可能となります。そして、瞑想の深みにおいて、あなたは低次の肉体意識を超越し、至高の超意識状態を経験することでしょう。これがサマーディといわれるものです。

　ここで、"ハタ・ヨーガ" (身体のヨーガ) のアーサナ (体位法) と "ラージャ・ヨーガ" (瞑想のヨーガ) のアーサナ (坐法) の違いを区別して

おかなければなりません。

　ラージャ・ヨーガのアーサナは、約840万もあるというハタ・ヨーガのアーサナとは違います。ラージャ・ヨーガのアーサナは、瞑想の実践のために不可欠な安定した姿勢を意味します。故に、ハタ・ヨーガのアーサナとは、その目的が違うのです。ラージャ・ヨーガにおけるアーサナの定義は、安定した快適な姿勢で身体を保つことなのです。身体を長時間堅固に安定させておくことができるならば、どんなにくつろいだ姿勢であってもそれはアーサナなのです。もしヨーギーがプラーナーヤーマやプラティヤハーラなどを行う場合、少なくとも三時間は安定した姿勢で座ることができなくてはならないと言われています。このように、我々はラージャ・ヨーガのアーサナとハタ・ヨーガのアーサナを明確に区別しなくてはならないのです。

　ラージャ・ヨーガは、先ずこの粗雑な肉体をコントロールし、次にプラーナの鞘・心の鞘・理知の鞘・至福の鞘というように、漸進的により精妙な鞘をコントロールしていきます。そして、最終的には、これらすべての鞘を超えたところにある、永遠で常に完全な真の自己に到達させてくれるのです。　このように、そのアプローチの仕方を見ても、先ず最も外側にある肉体の鞘からスタートし、より精妙な鞘へと段階的に進んでいけるよう組み立てられているのです。これが、ラージャ・ヨーガは、内的浄化と自己完成のための非常に科学的かつ論理的なメソッドであると言われている所以なのです。

第2章　アシュターンガ・ヨーガ
（八段階のヨーガ）

（1）ヤマ（禁戒／社会的戒律）

　パタンジャリは、先ず最初に、最も外側にある身体から取り組みました。心の、粗雑で物質的な外側の表れが、身体活動なのです。そこで、パタンジャリは、「では、私は心の汚れを取り除かなければならない。そのためには、まずその結果を終結させなければならない。つまり、その症状（現れ）を鎮めよう」。彼は、症状（現れ）が治まらない限り、原因は維持されるだろうと言っています。心の働きは、行為という形でそれを表現した時、ますます肥大化することになります。本来なら、心の方をコントロールすべきなのです。しかし、彼は自身の鋭い瞑想体験によって、行為もまた思いに作用することがわかったのです。行為をする度に、あなたはその思いもまた強めていることになるのです。思いは、その必然の結果として行動に移された時、勢いを得るのです。故に、少なくとも、その最も粗雑で物質的な表れである行為を止めなさい。もちろん、完全主義者たちは、直ちに異議を唱えることでしょう。「行為を抑圧しても何の意味もない。実際には、人は自分の心を変えなければならないのだ」と。

　しかし、それはそんなに簡単なことではないのです。直接心をコントロールすることは至難の業なのです。心はしたいことは何でもします。心が想像したことは何でも、行為に移されます。故に、先ず最初に、いくつもの監視を置きなさい。心が行動に移ろうとしたら、「だめだ」と言いわたすのです。その最も外側の表れである行為において、心に戦線布告しなさい。「心の変容こそが真のヨーガである」と言って、それ以上思考力を働かせようとしない人にとってはばかばかしいと思われるような様々な決意や誓いも、ある段階を超越しその必要性を超えたレベルにある人にとっては役に立たないかもしれませんが、初期の段階においてはそれらを軽視すべきではありません。ヨーガのほんの入り口に立っている私たちにとっては、これらは次の段階と同じぐらい重要であるということを認識すべきです。ここにはしごがあると仮定します。はしごにはたくさんの横木がわたされているので、どの段も避けることはできません。もし、あなたがはしごの一段目は要らないというならば、あなたは常に地面に踏みとどまった

ままでしょう。

　心は巧みに人を欺こうとします。それは、巧妙な言い訳や哲学を持ち出します。「私は前世ですでにその段階を通過してしまったので、紅茶を五杯飲もうが、肉を食べようが構わないのだ」と。このように言う人は、単に舌の奴隷にすぎないのです。彼は肉を食べることをやめることができないだけなのです。肉を断つとはどういうことなのでしょうか。それは、自分の心の支配者になるという宣言なのです。もし、あなたが「朝４時に起きて、冷たい水で沐浴するぞ」と宣言する時、それはまさに低次の本性の下へ引っぱろうとする力に対して、霊性の優位を何度も何度も宣言し続ける連続的なプロセスを意味するのです。人は、突然、より高次の霊性と低次の肉体的な本性とを切り離すことはできないのです。それらを切り離すために、精神的な誓いを守らなければならないのです。しかし、自分の好きなことをやめることだけがヨーガではないということを心に留めておかなければなりません。確かに、そのようなことも真のヨーガに達するためには大切なことなのですが、パタンジャリは、先ず最初に、あなたの外面的な性質をチェックしなさいと言っているのです。もしあなたが急には自分の欲望をコントロールできないならば、せめてあなたの身体活動をコントロールしなさいと。

　人は誰でも実際の行為が心にいかに大きな影響を与えるかということを知っています。あなたはある欲望の満足について考え続けるかもしれませんが、実際にそれに身を投ずることによって受ける精神的衝撃の方がはるかに大きいのです。想像することによって受ける心理的動揺は、実際の行為によって受ける精神的ショックほど大きくはありません。実際の行為は人の記憶の明確な部分となり、単に考えたり想像したりするより、ずっと激しく人の心を掻き乱すのです。故に、パタンジャリは、まず最初に、あらゆる行為の浄化と抑制を求めたのです。では、どのようにそれを実践したらいいのでしょうか。パタンジャリは、「あなたの行動をある普遍的な法則に従わせるという誓いを立てなさい」と言っています。それはどんな

第2章 アシュターンガ・ヨーガ（八段階のヨーガ）

ものなのでしょうか。それらが"ヤマ"（禁戒）と呼ばれるものなのです。

"ヤマ"には五つの項目があります。しかし、何故たった五つしかないのでしょうか。これもまた智慧と経験に基づいているのです。パタンジャリは、もしこの五つの基本的な"普遍的法則"を人生に行き渡らせることができれば、その他の付随的な善性のすべては自動的にやってくるだろうということに気づいたのです。彼は、これら五つの基本的な徳目を、"普遍的な誓約"と呼んでいます。即ち、"いつでもどこでもいかなる状況においても遵守されなければならないもの"なのです。それらは、「アヒンサー（非暴力）、サッティヤ（正直）、ブラフマチャリヤ（禁欲）、アスティーヤ（不盗）、アパリグラハ（不貪）」の五つです。なされた決意とこれらの誓約を守ろうとする修行者の努力と奮闘により、人間の誤った行為のほとんどすべてを終わらせることができるでしょう。罪深い行為のすべては、嘘、不正直さ、狡さ、貪欲さ、不道徳、情欲、或いはまた残忍さ、人を傷つけたり人に損害を与えたりすること等に起因するのです。このように、邪悪な人の行為のすべてには、嘘、貪欲さ、情欲、残忍さ、或いは他人のものを奪おうとする性向といった悪い性質のいくつかが関係していることに気づかれたと思います。故に、彼は修行者に、心の中に抱いている邪悪な思いや感情、不純な動機を、行為に移すことをやめるように求めたのです。そして、それらの行為が、愛、真実、純粋さ、人のものを盗まないこと、貪らないことといった、これら五つの偉大な普遍的法則に適ったものであるかどうかをチェックするよう求めたのです。ここにおいて、彼は先ず、人間の低次の心（心の粗野で動物的な部分）に完全なる変容をもたらし、心がその最も外側の表れである行為から解放されるための土台を築こうとしたのです。このように、パタンジャリは、周辺部から核心へと入っていこうとしているのです。

ここにおいて、外的規律、つまり外界に対する自制心がいかに必要かということが理解できたと思います。それは心に非常に大きな影響力をもつからです。もしも心に悪い考えが浮かんだら、すべきことは、その結果と

して引き起こされるであろう行動を制御することなのです。ご存じのように、もしある特定の筋肉を鍛えなければ、それは萎縮し機能低下していきます。それと同様に、思いも行動に移さなければ、その思いは弱まっていくのです。習慣というものは作られるものなのです。もし想念が起こっても、心が絶えず五感の動きを抑えるようになれば、この習慣が一種のニローダ（抑止するもの）として機能するようになるのです。つまり、心に対抗するために、心の有害で厄介な性質そのものを利用するのです。善行によって悪行に立ち向かうのです。これが"ヤマ"なのです。"ヤマ"とは、低次の心を征服するために、そこに向けられた攻撃の第一段階なのです。

アヒンサー（非暴力）

ヤマの一番目は、アヒンサーの実践です。ここで、二つの重要な点を心に留めておかなければなりません。一つ目は、アヒンサーは単に"殺さない"ということだけではなく、"傷つけないこと"をも意味するのだということに注目して下さい。つまり、「いかなる創造物に対しても痛みや苦しみを与えるようなことを一切しない」ということなのです。二つ目は、ヤマは"普遍的な誓約"であるので、それらは、時間や場所、階級や状況によって、左右されたり制限されたりしないということです。真面目で誠実な修行者は、何時いかなる時でもどんな犠牲を払ってでもそれらを厳格に遵守すべきなのです。そして、それらの実践は、時たまやるとか望ましい方策だからというレベルの問題として見なされるべきではなく、それらはあなたの人生を支配する非常に重要な原則となるべきものなのです。

では、霊性の生活において、アヒンサーは何故そんなに特別重要なのでしょうか。何故、ヤマの一番最初にアヒンサーが置かれているのでしょうか。その言葉の真の意味するところやその意義とは一体何なのでしょうか。

これらを理解するために、まず、サダナ（霊的修行）や霊性の生活の意味とその目的について、少し考えてみたいと思います。サダナとは、"不完全で限定された人間としての存在"から"人間本来の、完全なる神性の無限なる輝き"への変容過程なのです。人は、低次の獣性と、人間性と、

そして潜在的に、真の自己である本質的な神性を兼ね備えています。そして、霊性の生活とは、"この動物的な本性を征服・支配し、人間性を神性にまで昇華すること"なのです。

では「残忍な獣性の特徴とは一体何なのか」ということを考えてみて下さい。それは凶暴性と残虐性です。故に、人間の中に潜む低次の動物的な本性を克服するための、まさに第一歩が、この卑劣で恐ろしい性質を根絶することなのです。たとえ最も文明化された人々であっても、また教養もあり、最も洗練された人々であっても、この特質をもっているのです。女性でさえもです。いわゆる上流社会や貴族階級に属する人々でも、このサディズムの傾向をもっています。厳しさや情け容赦のなさ、虐待は、親が子供に対して、主人が召使いに対して、義母が嫁に対して、冷淡な夫が妻に対してなど、現代社会においてはいたるところで見られます。怒りというものは、その表現形式であり表現手段なのです。故に、修行者の性質の中からこの動物的な傾向性を根絶するために、最も有効かつ最善の手段として、パタンジャリは、アヒンサーを定めたのです。アヒンサーとは、「思いにおいて、言葉において、行為において、どんなに小さな苦痛でさえも与えない」という誓いなのです。

悟りに達するということは、神の如き性質への進化とその発現を意味します。神性は培われるべきものなのです。神は愛そのものなのです。愛には苦痛を与えたり危害を加えたりする余地など全くないのです。暴力も残忍さも、愛とは全く相容れないものであり、それらは同時には存在しえないものなのです。幸福や安らぎ、善などは神の性質なのです。故に、「アヒンサー　パラモー　ダルマハ」（アヒンサーは最高の徳である）と見なされるようになったのです。こうしてアヒンサーは、ヤマの五つの徳目においても、一番最初に置かれることになったのです。

とげとげしい拒否反応とともに、あなたのドアから物乞いを追い払うことは、アヒンサーに対する裏切り行為です。また何かについて明確な約束や希望を与えておきながら、軽率にもその人を失望させたり裏切ったりすることもアヒンサーに反する行為です。また、人前でその人を侮辱したり、

故意に無礼を働いたりすることも、無慈悲な残酷さそのものです。辛辣で無礼な言葉のすべてはヒンサー（暴力）なのです。誰かに人を傷つけさせたり、他の人の残酷な行為を容認することさえアヒンサーに反しているのです。それは怠慢の罪以外の何物でもありません。もしあなたが本気でアヒンサーを実践し、霊性の修行に真摯に取り組むつもりならば、そしてもし本当に心から永遠の至福と最終解脱への速やかな進歩と達成を欲しているならば、身ぶりや表情、声の調子、さらには思いやりのない言葉などによって、他人の気持ちを傷つけることを一切やめるべきです。あなたのアヒンサーの実践を完璧なものとしなさい。そして、アヒンサーという神聖なる資質の化身となりなさい。

サッティヤ（真実、正直）

パタンジャリは修行者が実践すべき普遍的誓約であるヤマの二番目として、サッティヤ（真実を語ること、正直であること）の厳格な遵守を定めたのです。もしあなたが真理である神に向かって進歩したければ、絶対的に正直であらねばならないのです。真理を悟るためには、人は真理に生きなければなりませんし、人はまさに真理そのものにならなければならないのです。故に、部分的にではなく、全面的に完全に正直であることを堅持することが、修行者の生活の基礎を形成する二番目の要素なのです。

アヒンサー（非暴力）のところで既に指摘したように、ヤマの諸項目は、世間一般的な意味においてではなく、特別な意味において、霊性の修行者或いは真理の探求者によって、遵守されなければならないということを忘れてはなりません。それは修行者にとって、道徳や倫理以上のものであり、特に霊的な意味において、大変重要な意義をもつものなのです。神或いはアートマン（真我）だけが至高の実在であり、それ以外のすべては、単なる現象であり非実在なのです。真理に献身するということは、非実在であるこのサンサーラ（俗世、現象世界）に背を向け、神・実在・至高の真理に対する確固たる忠誠を表明していくことなのです。神は真理であり、それは正直であることを通して悟られるということを覚えておきなさい。常

第 2 章　アシュターンガ・ヨーガ（八段階のヨーガ）

に正直であろうとすることは、「私を非実在から実在へ導きたまえ」という祈りを、意識的に実際的に生きることなのです。

　真理は全宇宙の法則です。すべてはこの神の法則に従っているのです。宇宙を構成している各々の要素はその本性に忠実に従っており、宇宙の各々の力もまたその性質に忠実に従っています。各々の惑星は正確にその軌道を回っています。さもなければ、宇宙は混乱と無秩序に陥ってしまうことでしょう。もし火がその熱さや燃える属性を放棄してしまったなら、水が冷たさやその流動性を捨ててしまったなら、風が動くことをやめてしまったなら、その時、生きとし生けるものの運命は一体どうなってしまうのか考えてみてください。故に、真理こそが、すべての背後にある維持ファクターなのです。真理は、霊性の修行と神聖なる生活の土台をなす、ダルマ（法）のまさに核心であり本質なのです。故に、正直であることは何千の犠牲供養よりも優れており、ヴェーダ（インド最古の聖典類）の学習や知識でさえもそれには敵わないと見なされているのです。故に、完璧に正直であることは、ヨーギーや霊性の修行者にとって、最も重要な資質であるといえるのです。

　あなたは、サッティヤの非常な重要性を十分に理解しなければなりません。決して真理からはずれてはなりません。半面の真理に妥協してはならないのです。真実を偽るための様々な方法や所謂あたりさわりのない嘘は、今日の社会生活にすっかりなじんでしまっています。しかし、長年の慣習やしきたりによって、虚偽が徳に転じることはありません。永遠の至福と不死の生命に達することを切望する真剣な修行者は、如何なる形であっても虚偽に関与すべきではありません。お世辞や媚びへつらい、人におもねることも虚偽の一形態なのです。なぜなら、心で思ってもいないのに、ただ他人に気に入られたいが為に、恥ずかしげもなく、心にもないことを口にする行為だからです。また、評判を得たいとか重要な人物と見られたいがために為す、誇張もまた虚偽の別の一形態なのです。二枚舌や駆け引きもまた、真実に対する卑しむべき罪なのです。誠実で、真っ直ぐでありな

さい。隠し立てをせず、率直でありなさい。もし真実が他の人を不快にさせたり、苦痛を与えたり、傷つけたりしそうな場合は、静かに話題を変えるか愛情をもって沈黙を守りなさい。真実を語る時には、常にそこにアヒンサー（人を傷つけない）の精神が宿っていなくてはならないのです。不正行為やごまかしもまた、厳格に回避されるべきです。偽善的な行為、賄賂を受け取ること、噂を広めることなどもすべて、真理に対するはなはだしい違反行為です。これらを克服し根絶するためには、真摯に自分の良心と向かい合わなければなりません。毎日、謙虚に自分自身を反省し、厳しく自分自身を見つめることです。あなたの性質や行為における嘘や偽り、ごまかしを見つけ出しなさい。そして、それらを取り除くよう努力しなさい。常に正直さを遵守できる力を神に祈りなさい。断固とした決意をもつのです。そうすれば、あなたは成功し、やがて真理から逸脱することはなくなるでしょう。

正直であることは赤々と燃えている火のようなものです。正直であることだけで、あなたの低次の本性におけるあらゆる汚れは完全に浄化されることでしょう。修行者にとっての正直さは、強い男にとっての力のようなものなのです。というのは、それは世の中の誘惑からあなたを護ってくれる偉大な甲冑となってくれるからです。あなたは、正直さだけで全世界を征服できるのです。もし人が完全に正直であることを守り続けるならば、彼が言うことは何であれ確実に実現することでしょう。彼が思うこともまた、直ちに起こることでしょう。正直であることは次第にあなたの人生を神性に向かって変容させていくことでしょう。正直さは、不死と至福の与え手なのです。

真理の中に生きなさい。真理の化身となりなさい。思いにおいて、言葉において、行為において、正直でありなさい。正直であることは、あるがままに物事を述べること、或いはありのままに物事を表現することを意味します。故に、その真の意味は、「"真にあなたであるところのもの"であること」なのです。それは、"あなたの内に宿る真の本性"を表しています。

即ち、それは神性であり、サット・チット・アーナンダ（絶対的な存在・意識・至福）であり、平和、幸福、美なのです。それは単に嘘偽りを慎むというだけではなく、思いにおいて、言葉において、行為において、今述べたような、あなた自身の真の本性を表現していくことなのです。故に、あなた自身の真の本性、あなた自身の本来の姿に背くことは、真理に反することなのです。

　修行者たちよ。あなた方は、汚れなき神聖なる魂なのです。清浄であること、霊的であることは、真理であることなのです。一方、神聖さの欠如、清浄さの欠如、霊性の欠如は、真理に背いていることなのです。あなたの全存在が、行為のすべてが、人生のあらゆる側面が、あなたの真の本性であるアートマン（真我）の表れでなくてはならないのです。"真理への献身"とは、『バガヴァット・ギーター』にも述べられているように、"我々の本質である神性を実践していくこと"なのです。
　修行者たちよ。もしあなたの霊性の修行にかける思いが本当に真剣なものならば、もしあなたが霊性の生活において速やかに進歩したいならば、もしあなたが人生の究極のゴールに達することを真に切望するならば、如何なる犠牲を払ってでも正直さを貫きなさい。決して正直さを捨ててはなりません。

ブラフマチャリヤ（禁欲）
　さて、ラージャ・ヨーガ（瞑想のヨーガ）のヤマにおける非常に重要な項目、ブラフマチャリヤ（禁欲、独身を守る）について考えてみたいと思います。霊性の道におけるおびただしい戒律の中で、ブラフマチャリヤはその特別な重要性と意義において独自の位置を占めています。その理由は、それが修行者がより高次の段階に行くための力や原動力を与えてくれるからです。即ち、ブラフマチャリヤは霊的な飛躍を可能にしてくれるのです。ブラフマチャリヤとヨーギーの関係は、ちょうど電気とエレベーターや電車の関係と同じなのです。それなくして、修行者はこのヨーガの道で、前進することも向上することもできないのです。

如何なる身体の動きも活動も、それを動かし推進させるための力を必要とします。特に、活動がより精妙で高い次元になればなるほど、それに応じたより精妙で優れた力が必要となります。霊的修行は、人間がなす努力の中で、最も偉大で最高のものです。それは膨大なエネルギーと高いレベルの気力・精神力の充実が要求されます。そして、このエネルギーは、ブラフマチャリヤの熱心な実践により得られるのです。掻き乱された感覚器官や油断ならない心との闘いは、完璧なる自制から生まれた力によってのみ、うまく対処していくことができるのです。故に、どのヨーガにおいても、すべての修行者に対して、たとえ彼らがどこに住んでいようとも、どの宗教の信者であろうとも、この徳目の実践が強調されているのです。

　では、ブラフマチャリヤはどのようにしてこの超越的な力を与えてくれるのでしょうか。それは四段階のプロセスを通してなされるのです。人間には神秘的なエネルギーの貯蔵庫があります。これが人間の存在全体に生命を与えているのです。人間の中に内在しているこのエネルギーは、二つの側面において顕現します。まず、粗雑な側面は、官能的なエネルギーという形で、落ち着きのない感覚器官を通してたえず現れてきます。一方、精妙な側面は、本質的に霊的なものであり、人をより高次の意識レベルにまで高めてくれるものです。つまり、このエネルギーの最も低次元の現れは性欲や情欲であり、最も高次元の現れはオージャス・シャクティ（精妙なエネルギー）といわれる光輝くエネルギーであり、それは進んだ修行者やヨーギーの深い瞑想への熱烈な情熱を掻き立ててくれるものなのです。ブラフマチャリヤは、肉体レベルの性的エネルギーを純化し、それを霊的なオージャス・シャクティにまで昇華させることを目的とし、それを成し遂げるのです。このように、賢明な修行者にとっては、ブラフマチャリヤは単なる抑圧という問題ではなく、積極的でダイナミックなエネルギー転換のプロセスなのです。

　そのプロセスとは、まず動物的なエネルギーを制御し、それを保持し、さらにそのエネルギーをより高次の方向に向けさせ、最終的にそれを全く超物質的なもの、即ち神聖なるオージャス・シャクティに転換させるとい

第2章　アシュターンガ・ヨーガ（八段階のヨーガ）

う四段階のプロセスなのです。

　あなたのエネルギーは、欲望の奴隷と化した感覚器官を通じて、絶えず外に漏れ出ています。このエネルギー浪費は防がなくてはなりません。故に、自制は、ブラフマチャリヤの実践にとって必要欠くべからざるものなのです。修行者にとって、ブラフマチャリヤとは、単に肉欲を克服するために性的衝動をコントロールすることを意味するだけではなく、感覚器官全般にわたる完全なる抑制を意味するのです。その抑制は包括的なものなのです。故に、ブラフマチャリヤの精神は、あなたの人生全般および行動のすべてにわたって浸透していなければならないのです。

　禁欲生活を守ることによって得られたパワーは、注意深く保持されなくてはなりません。あなたは、それを大切な宝物のように守らなくてはならないのです。真面目な修行者は、ブラフマチャリヤを失うくらいなら、むしろ自分の人生を失ったほうがいいとさえ感じるほどです。あなたは不断の警戒と、人生のあらゆる瞬間に思慮深くあることによって、ブラフマチャリヤを保持することができます。と同時に、何年も独身生活を守ってきたからとか、心の静けさや清らかさを多少経験したからといって、自分は肉欲を取り除くことに成功したなどと愚かにも思い込む、この考え違いから自分自身を守ることが必要です。

　性的エネルギーや性欲は、人間の最も根源的な本能です。これは人間を構成している要素の中で、最も古いものなのです。生殖や繁殖の本能的な衝動は、性欲の力によって保たれてきました。故に、その力をコントロールしようとか温存しておこうとかいう、あらゆる努力にもかかわらず、その力はとても強力で、修行者を圧倒しようとします。そこで、知的に、適切なやり方で、このエネルギーを純粋な方向に転換させる必要が生ずるのです。アーサナ、プラーナーヤーマ、ムドラー（印）、浄化法、積極的な奉仕、あらゆる類いの純粋な活動は、このエネルギーを内側に向けさせ、より高次の方向に向かって流してやる助けとなります。心を絶えずサダナ（霊的修行）に従事させておくことは、ブラフマチャリヤ実践における大いなる

秘訣の一つと言えます。それによってこのエネルギーは、次第に純粋な霊的エネルギーに変化していくことでしょう。サダナを通して、それは変容させられるのです。この純化の結果得られるのが、オージャス・シャクティなのです。それは、修行者にダーラナー（集中）やディヤーナ（瞑想）を可能にさせ、さらに深いサマーディ（三昧）や超意識の至福状態に入っていくことを可能にさせるのです。

　今やあなたは、ブラフマチャリヤのこの上もない重要性を理解できたことでしょう。うかつにもこの非常に重要なヤマをおろそかにしている修行者は、霊性の生活において決して進歩することはできないでしょう。"思い、言葉、行為における完全なる清らかさ"として現れるブラフマチャリヤ抜きにして、サダナは不可能なのです。修行者のあらゆる思考、思い、感情は、水晶のように純粋でまじり気のないものでなくてはなりません。その品性はしみひとつない清浄なものであるべきなのです。たとえ官能性の僅かな痕跡といえども、修行者の性質を汚すべきではありません。あなたは、清らかさに対する前向きで積極的な情熱によって鼓舞されなければならないのです。そこには、しみひとつない清らかさに対する燃えるような情熱があるべきなのです。情欲についての想念でさえ、決して心に入り込ませるべきではありません。これらが修行者がめざすべき基準とならなければならないのです。

　しかし、ブラフマチャリヤに対する世間一般の通念は、誤解を招くようなところがあります。一般的には、ブラフマチャリヤは独身を守ることを意味するようになりました。しばしばこのような質問がなされます。「あなたは結婚していますか。それともブラフマチャーリ（独身者）ですか」。これは、まさに今日の我々の文化の質的低下を表すものです。ブラフマチャリヤという理念の栄光と崇高さは、すっかり忘れ去られてしまっています。真のブラフマチャーリというものは、まさに地上における神なのです。シュリ・シュカやビシュマ、ハヌマーン、ラクシュマナといった偉大な人物たちが今日でも人々の記憶に残り崇拝されているのは、このためな

第2章　アシュターンガ・ヨーガ（八段階のヨーガ）

のです。本来のブラフマチャリヤとは、単に独身を守ることではないのです。修行者にとって、それはもっと深い意味をもつものなのです。それは真理に由来する徳なのです。絶対的な清らかさというものは、本質的に神の資質なのです。あなたの真の本性は、神なるものなのです。もしあなたが自分の真の本性に忠実であり、この真実を外に向かって表現していくならば、その時、人生のあらゆる瞬間に、一息ごとに、あらゆる思い・言葉・行為において、意識的かつ慎重に、我々の内なる本性であるこの気高い側面、即ち完璧なる清らかさを表現していくよう努力しなければならないのです。その時にのみ、あなたは真の意味において、ブラフマチャリヤを確立することができるのです。このようなブラフマチャリヤの実践こそが、ブラフマンの知識、即ち究極の実在なるものの悟りに導いてくれるものなのです。

アスティーヤ（不盗）

これまでに、あなたがたは、ラージャ・ヨーガのヤマを構成する三つの重要な徳目について、明確な理解を得たことと思います。ヤマの四番目は、ちょろまかしたり、くすねたりする習慣をやめることです。それはアスティーヤとよばれ、「不盗（盗まないこと）、盗みを断つこと」を意味します。まさかこのような項目が規定されていることに、いささか驚かれるかもしれません。盗むことが共通の弱さであるということ自体、一体誰が想像できるでしょうか。しかし、パタンジャリがこの自制を定めたのには、十分な理由があるはずです。これは世の中にはびこっている悪なのです。人間の性質において、この特質がとる実に様々な形態を考察した時、この欠陥がどんなに広く一般に行われているかが、すぐにわかることでしょう。

あなたが自分自身のために実際の必要以上に多く手に入れようとするあらゆる行為は、実は、厳密な倫理的・霊的基準からみれば、盗みの一種なのです。ガンジーは、ある所で、自分の必要とする以上に食べる者は泥棒であると言っています。というのは、彼は、他の人からその人の必要なものを奪っているからです。節度を超えた無駄使いも、盗みなのです。とい

うのは、それによって、あなたは他の人から、その人にとっては有用かもしれないものを奪っているからです。富の蓄積もまた盗みです。如何なる類いの浪費、贅沢、また単に見栄や見せかけの威信を保つためにお金を使うこと、これらすべては、真のアスティーヤの見地からすれば、盗みと同じなのです。簡素で質素な生活をすることこそが、アスティーヤを遵守するための一番の方法なのです。

　現代文明は、次から次へと楽しくお金を使わせるための様々な方法を提供してきました。今の若者たちは、すでに子供の時から、買い物や娯楽のための小遣いを欲しがります。タバコを吸ったり映画を見たりオートバイに乗ったりクリケットの試合を見に行ったりするために、父親や兄のポケットから僅かなお金をくすねることなどは、どこでも一般的に見られることです。また、人に無断で何かをもちだすことは、なにかとても才気煥発なこととして、男子生徒の間では拍手喝采ものなのです。それは、愉快なジョークとみなされているのです。やがて大学生になると、定期券や無料乗車券にぶつぶつ文句を言う駅員をからかうために、実際は正規の切符を持っているのに改札口を突破するという行為は、さすがにめったに見られなくなります。が、大学生の一団が、レストランで御馳走を腹一杯食べ、勘定をする段になって、気の毒なウエーターを混乱させるという行為は、盗みという観点からすれば全くその通りなのですが、そのような認識は全くなく、単なるでっかい悪ふざけぐらいにしか思っていないのです。

　平均的な社会人は、そうと知りながら取引で偽の硬貨を使ったり、或いは店の主人が知らずに多く渡したおつりを知らん顔して着服しても、良心の呵責を感じることはありません。また、人は賄賂を使って、砂糖の許可証やガソリンの配給券を手に入れることにためらいはありません。闇取引で配給品を手に入れたり、卸業者はなにかと嘘の口実を設けてはたくさんの貧しい組合員たちを追い払おうとしたりするのです。裕福な乗客たちは、取り計らいによって、正規の乗車券なしで、なんとかペットの犬たちを電車に乗せようとしたり、また超過分の荷物を首尾よく通過させようとした

りするのです。これが現代人なのです。これらすべての行為が盗みなのです。そうしたいのだけれども人の目からは隠したいという、いわゆる人目をはばかる行為はすべて、アスティーヤ（不盗）に反しているのです。すべてに浸透している神の存在を心から信じている人は、どことなく内密なことや横領や着服めいたことは決してしないものです。

　普通の人間がなす行為のほとんどは、利己主義と貪欲さの結果なのです。五感はたくさんのものを渇望します。あなたは非常に多くの欲望をもっていますし、自分のためにたくさんのものを手に入れることを切望しています。そして、それらを手に入れられなかったり、自分の欲望を満たすことができなかった時、不適切なずるい方法を使ってでもなんとかそれらを手に入れようと試みます。このようにして手に入れたものはみな盗みと同じなのです。人は、全く正直で正当な手段によって得たものだけで満足すべきなのです。合法的に自分に属さないものを所有したいと望むべきではないのです。そのような欲望自体が、盗みの種子なのです。アスティーヤに違反することは、快楽に対する五感の欲望をコントロールできないことの端的な結果なのです。あなたの感覚器官が強力な時、コントロールされていない心がたくさんのものを欲しがります。その時、くすねたりちょろまかしたりしようとする心が忍び込むのです。故に、盗みの真の原因は、あまりにも多くの欲望と抑制のきかない五感にあるのです。欲望と五感の渇望が、倫理観を失わせ、良心を働かせなくさせるのです。如何なる類いの盗みをも断つために、我々は自分の欲望を抑え、感覚器官を律し、心をコントロールしなければならないのです。

アパリグラハ（不貪）

　ヤマの五番目はアパリグラハです。それは「贅沢品を受け取らない」ということです。感覚的抑制のきいた簡素な生活に必要なものだけでいいのです。もちろん、生活の標準は人によって違います。例えば、王子にとってのアパリグラハの解釈は田舎の人のそれとは違うでしょう。田舎の人は、4枚のチャパティとダール（豆のスープ）といったような質素な食事に慣

れています。もし王子が、「私もチャパティ4枚とダールだけでいい」と言うなら、きっとお腹をこわしてしまうことでしょう。あなたは、自分の生活に何が必要で、何が贅沢かを決めるにあたって、常に常識を働かさなくてはなりません。熱帯地方に暮らす人にとって、コートは必要ではありません。しかし、寒い地方で暮らす人にとっては、必要最低限の枚数以上のコートを持たないことがアパリグラハの意味となります。もしそれらを贅沢だと考えて、コートを着ることを拒否すれば、きっと死んでしまうことでしょう。故に、人は神様がその人を置いた環境をよくわきまえ、自分にとってのアパリグラハの意味をよく考えなければなりません。生活必需品だけは受け取っても構いませんが、必要以上のものを所有したり蓄えようとしたりすべきではありません。

　また、他人からの贈り物は受け取り手に影響を与えます。人は非常に利己的なので、様々な動機をもって贈り物をします。従って、贈り物を受け取ることによって、受け取り手の心は純粋さを失います。故に、ヨーガの道を行くものは、贈り物をもらうことを避けなければなりません。アパリグラハは、維持するための心配、失うことへの恐れや失う悲しみ、憎しみ、怒り、嘘偽り、盗み、執着、失望、心の動揺、落ち着きのなさ、気がかりや不安等を取り除いてくれます。そして、心の平和や知足や満足を与えてくれるのです。

（２）ニヤマ（勧戒／個人的戒律）

　私たちは、八段階のヨーガの第一段階である"ヤマ"（禁戒）がもたらす浄化が如何に重要であるかをみてきました。"ヤマ"の実践は、人の性質を浄化し、完全なる善の状態へと至らしめるのです。善良さは社会生活における成功には十分かもしれませんが、霊性の生活において、普通の人のよくある理想主義とは異なった、非常に崇高な唯一つの目標を自らに課した修行者の場合は、全く性質を異にするのです。普通の人は、外の世界しか知らず、この世の物事だけにしか価値を見出さず、その活動は常に世俗の対象物を獲得することだけに向けられています。世俗的な人の視線はいつも外に向けられていますが、修行者は識別力と知性によって、この茫漠とした現象世界はつかの間のものであり、過ぎ去っていくものであるということがわかっているのです。ほんのわずかの間、それらは存在し、やがて消滅していくのです。つかの間のものは決して永遠の満足を与えることはできないのです。滅び行くものから得られる快楽は、その対象が消滅してしまった時、終わる運命にあるのです。対象がそこにあるときは喜びや幸せもやって来ますが、それが去ってしまうと、その幸せもまた終わってしまうのです。喜びの源が取り去られてしまうと、人は悲しみを経験します。故に、この世のはかない事物は、永遠の満足を与えることはできないのです。しかし、修行者たちは、永遠の満足を求めているのです。それは一見満足を与えてくれるようにみえても、究極的には不満足しかもたらさない類いのものではなく、完全なる充足を与えてくれるであろうものの達成なのです。彼の目的は、これ以上何の欲望も欠乏もなく、故に悲しみもないという、無限の充実という最高の意識状態を得ることなのです。そこに目標を定めている修行者は、単なる善良さだけでは十分ではないと考えているのです。もちろん、それは世俗の生活がすべてである人にとっては何の問題もないことなのですが、相対を超え、永遠なる絶対的な境地を経験し、アートマン（真我）の意識に到達するためには、単なる道徳的な生活に満足することなく、さらに前進し続けなければならないのです。人々は皆、彼を崇拝し付き従うかもしれませんが、さらに飛躍しなければなら

ないのです。故に、気高く道徳的であるだけでなく、霊的であろうと努力するのです。彼の人生は、善性から霊性へと高められなくてはならないのです。それが彼の目的なのです。そのために、次のステップとして"ニヤマ"（勧戒）が用意されているのです。それは霊性の道において、あなたをさらに前進させてくれる、いくつかの戒律から成り立っています。

　すでに見てきたように、賢者パタンジャリは、そのアプローチの基礎を、人間の成り立ちについての非常に科学的な研究に置いています。彼は、文化やカースト、信条や宗教とは一切関わりなく、普遍的な人間について研究したのです。つまり、神が創造し、この地上に置いた、人間そのものについてです。その結果、人間は意識・知識・存在の中心であること、そして、人間存在についてのこの中心的な事実は、三つの異なった鞘に覆われていることがわかったのです。一つ目は、最も粗雑な物質的な覆いである肉体で、これは消滅していくものです。二つ目は、考えたり、想念が起こったり、感情が生まれたりする、精神的な鞘です。人生のすべての価値は、この精神的な活動によって維持されているのです。そして、この精神と肉体を繋いでいる連絡器官であり、特別の力であり、心の思いを行動に移すことを可能にする生命エネルギーが、プラーナマヤ・コーシャ（生気鞘）といわれる中間の鞘なのです。

　肉体、エネルギー体、精神体という三層の鞘の中に、人間の本質的な部分である純粋実在としての本性が包まれているのです。人は誰でも「私は存在している」という感覚をもっています。この存在原理は、人間の意識の中心であるエゴを通して主張され表現されます。人が自分の存在を"個人的な人間"として感じ、認識する時、彼は「私は存在している」という感覚があるが故に、人間の意識の本質を究めるという課題に取り組もうとする時、間違った肉体意識、例えば「私はこの肉体である」「私はこんな人間である」「これは世界だ」といったような誤った観念が、心によって堅固に保持されているのです。そこで、この心の変容に取り組む時、パタンジャリは、本来の自己の姿に辿り着くまで、最も粗雑な次元からより精妙な次元へと科学的に進んでいきます。そして、真の自己の本性への究極

のアプローチは、他のすべての想念を完全に排除し、深い瞑想を通してなされます。その時、心は至高の意識そのものになるのです。"サッチダーナンダ"（絶対的な存在・意識・至福）に瞑想することによって、つまり、「私は在る」「私は光そのものである」「私は知識そのものである」「私は至福である」に瞑想することによって、心は完全にそのアイディアの中に吸収されていくのです。これはあるがままの自己の本性を知ることを可能にしてくれ、これだけが真理に直接あい見えることを可能にしてくれる、人間の中にある直観知を覚醒させるための方法なのです。これが究極の最終段階なのです。

　パタンジャリのアプローチは、肉体からスタートします。この科学的アプローチにおいて、彼はまず、行為という形で表れる、肉体という最も外側の側面を取り上げます。そこにおいて、少なくとも、行為をコントロールし、その質を善なるものに変容させるのです。不道徳な行為や残酷な行為、破壊的な行為をしてはならないのです。行為を変容させるために、自分の性質の中からあらゆる悪い傾向性を取り除き、気高く神聖なる質に置き換えていくための体系的な訓練が、最初のステップである"ヤマ"なのです。結果、修行者は自分の邪悪な性質を放棄することになるのです。

　では、次の"ニヤマ"に進みましょう。"ニヤマ"は、自分の毎日の日課の要として加えるべきいくつかの戒律のことです。それは、「シャウチャ（清浄）、サントーシャ（知足）、タパス（苦行）、スワディヤーヤ（聖典読誦）、イーシュワラ・プラニダーナ（神への献身）」の五つから成り立っています。そして、"ニヤマ"の背後には、人生を神の方へ向けるという目的があるのです。

シャウチャ（清浄）

　ニヤマの第一番目は、シャウチャです。初期の段階においては、身体の状態は心にかなり影響を与えます。故に、身体を清浄な状態に保たなければならないのです。その結果、心もまたこの身体の質を反映するのです。

また、身体の内部も浄化されなければなりません。清らかな食べ物をとりなさい。もしあなたが不潔なブタ肉を食べるなら、あなたの心もまた汚れることでしょう（ヒンドゥー教徒にとってブタ肉は汚れた食べ物とされている）。

　インドの先人たちは、物事を、サットヴァ（純質）、ラジャス（動質）、タマス（暗質）の三つの質に分けました。修行者の食べ物はサットヴァでなくてはなりません。どうしてでしょうか。
　これもまた、ある法則の経験と発見に基づくものなのです。人は誰でも、食べ物が直接的に体に影響を及ぼすことを知っています。食べ物の質は、直ちに身体に影響を及ぼすのです。もしあなたが非常な熱を発生させるものを食べたら、赤痢になるかもしれませんし、あるいは眼に影響がでるかもしれません。もし身体の中にガスを発生させるような食べ物を食べたなら、リウマチになるかもしれません。もしお酒を飲めば、心はただちにコントロールを失うでしょう。極端なタイプの食べ物は、その影響も即時です。しかし、その影響がゆるやかな食べ物もあります。その食べ物の質は身体に蓄積され、心の性質は少しずつその質に影響され始めるのです。その方がもっと危険なのです。なぜなら、お酒などは直ちに影響がでるのに較べ、それは知らぬ間に進行するからです。故に、それがサットヴァ的な食べ物なのか、ラジャス的か、タマス的かを考慮しなければなりません。清らかな身体はサットヴァ的な食べ物によって維持されることを知っていなくてはならないのです。

　それらが純粋なものかそうでないかを考えることもしないで、身体の中に如何なる類いの不純物も入れてはならないのです。何故でしょうか。
　ここにもまた重要な法則があるのです。「健全なる精神は健全なる肉体に宿る」ということわざは、よく知られています。また「清浄さは敬神に次ぐ美徳である」という言葉もあります。低次の段階において、我々は肉体に束縛されています。どんなに高次のヴェーダーンタ思想を引き合いに出してみても、我々の一番最初の思いは、「私はこの肉体である」という

第2章　アシュターンガ・ヨーガ（八段階のヨーガ）　　77

ものです。この肉体意識が我々の人生を支配している限り、肉体が精神に及ぼす影響が、常に前向きで、浄化・向上させてくれるようなものとなるよう気をつけなければならないのです。このように肉体が精神に与える影響力は強調されているのです。故に、身体を清潔に保ちなさい。その時、精神もまた清らかになることでしょう。心にとって清らかでない物事がやって来た時、心は自動的にある種の嫌悪感を感じます。これが内外における清浄さというものなのです。もちろん、ヨーガ全般にわたって、常に常識を働かせなければなりません。清浄さの原則にこだわり過ぎてはいけません。さもなければ、それは常軌を逸したものとなってしまうでしょう。修行者は常に良識をもたなくてはならないのです。

　さて、いま一つ別の理由があるのです。心の考えていることに注意を払うことなく、あなたの行動をコントロールすることの効果は何でしょうか。「心には考えたいことを考えさせておけ。しかし、私は心が私を行為に駆り立てることを許しはしない」。これの意味するところは何なのでしょうか。

　村人の間に次のような言い伝えがあります。トラや野獣は人間の血を味わったことがない限り、その時までは常に人間を恐れています。決して人間を殺すことはありません。牛や山羊や羊を襲うことはあっても、人間を襲うことはありません。しかし、いったん、人間の血を知ってしまうと、彼らは人食い動物に豹変します。その後は、いつでも人を襲い、決してそのまま通り過ぎることはないということです。

　またこんな話もあります。ある人が動物の子を育て、それはやがて成長しトラになりました。それは完全に人に慣れていておとなしいトラでした。というのは、それは飼い主の与えた食べ物だけで育てられてきたからです。飼い主は決して生肉を与えたりすることはありませんでした。しかし、いったん、飼い主が安楽椅子に座って新聞を読んでいる時、ふと眠ってしまい、そのトラがじゃれて彼の指を舐め始めたとします。とても強く舐めたので、彼の皮膚が傷つき、指先からだんだん血が滲みはじめました。その時、トラは以前には決して知らなかった味を経験するのです。飼い主は目

を覚まし、なんとトラが自分の血を舐めていることに気がつき、大声で叫びました。その後、彼は自分のペットの変化に気づいたのです。トラはトラ本来の風貌を取り戻してしまったので、数日のうちに撃ち殺されなければならなかったということです。

心というものは、何千匹というトラ以上のものです。いったんある特定の行為に溺れると、慢性的にそれに耽溺するようになるのです。行為への耽溺は、あっという間に心の中に生じるのです。故に、あなた方は、生活習慣については、厳しい規律に従わなければならないのです。それらを、重要なものではないとか不必要なものだとして、退けるべきではないのです。それらは、ヨーガの大切な部分なのです。

サントーシャ（知足）

次はサントーシャです。この概念を適切に理解するのは、かなり難しいのです。サントーシャとは、「知足と快活さ」を意味します。これは非常に高く賛美されるべき美徳なのです。知足とは途切れることのない喜びなのです。

王様の頭の中は常に、王国のことや為政者としての義務についての悩みや心配事、問題でいっぱいでした。そこで王様は、「もし全くもって陽気な者がいたら連れてまいれ。その者には何でも与えよう」といいました。彼は真の幸せ者を探すために使者を送りました。使者はそのような人を探し求めて出かけていきました。彼らは、まるで幸せでいっぱいであるかのように、いつも歌を歌っている羊飼いを見つけました。そして、その男を王様の前に連れていきました。羊飼いは言いました。「私は日に二切れのパンで満足しています。それ以上何も欲しくありません」。彼の幸せの秘訣は、自分の持っているわずかなもので満足することでした。

"知足"というのは、とても偉大な美徳ですが、「知足とは何か」を理解することはとても難しいのです。「知足はあらゆる進歩を止めてしまう。人がさらなる野心をもってこそ、もっと一生懸命働き、より向上することができるのだ」と主張する人もいます。しかし、進歩とは一体何でしょうか。世俗の物事においては、進歩すればするほど、我々はますます縛られてい

きます。実は、この世界というものは、拒否されるべき、価値のないただの形骸にすぎないのです。故に、そのような進歩は、修行者の目から見れば、何の価値もないものなのです。修行者の価値観は全く異なるのです。修行者は、この世の快楽の中に自己の本性の悟りはないと言います。悟りの壮大さは、この世の快楽すべてを集めてみても、その中には見いだすことはできないのです。『カタ・ウパニシャッド』の中のナチケーターの答えが、我々に真の価値とは何かを教えてくれています。一体、何がなすべき価値があることなのか、何がそうではないのかを、知らなくてはなりません。「これは永遠のものなのか、これは永続するものなのか」。これがナチケーターが差し出した質問なのでした。彼は言いました。「私はわずか二日ばかり続いて、その後なくなってしまうようなものは欲しくありません。私は永遠なるものが欲しいのです」。これこそが修行者の持つべき基準なのです。彼がそのようである時、世俗のいかなる快楽も作用しなくなるのです。この世のあらゆるものはやがて消滅していくのです。ナチケーターはこう言い放ちました。「あらゆるものを撥ね付けてしまえ！　それらをくたばらせてしまえ！　私はそんなものは欲しくないのだ」。これこそが修行者のとるべき態度なのです。何であれ神があなたに与えたもので、100％満足しなさい。「何故神は私にこんな鼻を与えたのだろう」。こんな思いを決して抱いてはなりません。あなたがもっているものを心から喜びなさい。

　あなた方は常に自分にないものと人がもっているものを較べては、くよくよと考えています。それはあなたを悲しませ続ける、最大の心の錯覚なのです。地方の領主は、国王にならなければと考えます。国王は皇帝になりたがり、皇帝は全世界を征服したいと思います。心の乞食根性というものは、決して満足することがないのです。世界の覇者は、自分は天界の支配者にならなければと考えます。そして、もし天界の支配者インドラになったとしたら、彼はまた別の何かになりたがることでしょう。創造神ブラフマーから見れば、そこにはただ不満足があるだけなのです。しかし、たとえぼろを纏っていても、その人が満足しているならば幸せなのです。如何なる立場に置かれても満足しなさい。神があなたをそこに置いたのです。

如何なる能力があろうとも、如何なる才能があろうとも、また如何なる富を持っていようとも、如何なる日用品を得ようとも、それらに満足しなさい。その時、あなたは満ち足りた幸せと心の安らぎへの鍵を手にするのです。

　いま一つ大切なことがあります。あなたが"足るを知る"時、あらゆる競争心が消え去るのです。さもなくば、「あの人はあれを持っているのに、自分は持っていない」という耐えられない思いを常に持ち続けることになるでしょう。嫉妬の感情がそこにあるからです。しかし、"足るを知る心"がそこにあれば、あなたは幸せでいられます。張り合う気持ちが消えるからです。対抗心から、嫉妬、ねたみ、競争、敵意が生まれるのです。もし自分が他の人の持っているものを得られなければ、せめてその人の持っているものを奪おうとしたり、彼を自分のレベルまで引きずり下ろそうとしたりすることでしょう。人間の嫉妬心というものはそういうものです。自分がその人のレベルまで向上できないのなら、その人を自分のレベルまで引っぱり下ろしたいと思うものなのです。さらに、彼についての悪いうわさを流したりすることでしょう。これらすべては、"足るを知る心"のなさ故に起こることなのです。知足は素晴らしい浄化作用を心にもたらします。心から敵意と狭量さが取り除かれるのです。知足というものが心に及ぼすこの効果が、心の浄化につながるのです。"足るを知る"ための必須条件である澄んだ心をもちなさい。

　しかし、このような満足は、サダナ（霊的修行）には適用されるべきではありません。サダナにおいては、永遠に満足してはならないのです。自分の帰依心や、神への愛や、慈悲心の深まりなどに対して、決して満足してはいけません。常に「自分はいまだ不完全である。一体自分に帰依心というものがあるのか」と嘆きを感じるぐらいでなくてはならないのです。常に自分自身を、偉大な魂たちと較べてみることです。チャイタニヤ・マハプラブーやラーマリンガスワミ、その他の聖者たちは、神と離れていることへの苦悶を経験し続けてきたのです。神は、彼らの激しい苦悶ゆえに、

彼らに神ご自身を現すことを拒否することができなかったのです。このように、霊性の世界においては、あなたは自分の達成に対して、決して満足してはならないのです。

タパス（苦行）

　タパスとは何でしょうか。タパスには非常にたくさんの概念があり、中には無知でばかげたものもあります。もし片足や片手を上げたまま立ち続ければ、それがタパスだと思っている人もいます。また、冬冷たい水の中に立っていること、逆立ちで立ち続けること、自分自身を土の中に埋めることなど、これら苦行難行の類いがタパスの様々な形であると考えられています。しかし、本当のタパスとは一体何なのでしょうか。

　まず、内面的なタパスとは何なのかについて考えてみましょう。これこそが、知的な修行者誰もが理解しなければならない問題なのです。「真のタパスとは何か」「ヨーガにおけるタパス本来の位置づけとは何なのか」を理解していないと、人はばかげた両極端に走ってしまうのです。タパスの文字通りの意味は、燃やすこと、或いは焼くことです。それは熱さの感覚と火のように燃えさかるものを意味することを示唆します。タパスとは強烈な熱さであり、それは人間の性質に熱をかけるものなのです。では、タパス即ち火のような激しさとは何を意味するのでしょうか。地球上で火は最も素晴らしい浄化手段であると同時に、対象を明るく照らし出してくれるものです。あなたは、火のもつこれら二つの意味合いを、心に留めておかなければなりません。火はあらゆる不純物を焼き尽くし純化し、そして、輝きで満たすのです。故に、タパスとは、「人間の性質の中の不純物を焼き尽くし、それを霊的意識の輝きと純粋さで満たす」という、実に強烈なプロセスのことなのです。これがタパスの主目的なのです。それは人格の浄化と啓蒙なのです。そして、この目的のために為されたものは何であれ、タパスということができるでしょう。タパスの内容は人によって異なります。あなたの中の不純物を取り除くために、ある種のタパスが必要とされるでしょう。しかし、他の人には別のタパスが必要かもしれません。というのは、人のもつ感覚的な放縦は一人一人異なるからです。故に、万

人向けのタパスの形態というものは存在しません。しかし、人間にはある共通した弱さや欠点というものがあるので、ある程度はタパスの普遍的な形というものはあります。

　たいていの人は食べることが大好なので、大食漢です。そのために、断食は一般的なタパスの一つとなっています。自己コントロールの手段として、また宗教的な誓いや懺悔として、或いは禁欲の手段として、断食は、完成を目指す聖者や修行者、神秘家の間では一般的なものです。性的衝動や情欲に溺れることもまた、誰もが共通にもっている弱さです。故に、純潔や禁欲への厳格な誓いもまた、修行者の一般的なタパスとなっています。心の中にある不純な気持ちや感情をコントロールすることもまた、偉大なタパスといえます。それは、他の何ものも及ばないほど人間の性質を浄化してくれるからです。このように、内面的なタパスとは、「五感をコントロールし、内部に純粋さの炎を燃やすこと」なのです。

　では、外面的なタパスはどうでしょうか。それらはタパスの間接的な手段に過ぎないのです。何も食べず何も飲まないで24時間立っていることは、もしその人がこれだけがタパスだと思ってやっているなら、それは間違っています。ただこの種のタパスは、タマス・グナ（暗質）が支配的な人にとっては役立ちます。というのは、もし人が決然とした努力の中に身を投じようとするならば、強烈なダイナミックさが要求されるからです。タマス・グナは、無気力で怠惰なものです。快適さを好む者は、決して修行者にはなれません。故に、これに立ち向かうために、もしあなたが自分の肉体に対して快適ではない何かを強いるという、燃えるような決意をするならば、自分の性質に打ち勝つんだと断言し、それを意思の問題として実践しなければなりません。このようなことはいくらかは役立つかもしれませんが、しかし、これがゴールではないのです。断食のための断食はゴールではないのです。

　自分の一番好きな事を一ヶ月に一度断ったり、ナヴァラートリ（女神のお祭り）の間は塩をとらなかったり、一週間お茶を断つことなど、これらは知性（ブッディ）でなされた断固とした自制心によって、自分の中にあ

る低次の性質に打ち勝とうとする努力なのです。五感と心の上に、識別力と結合した知性を働かせることをタパスというのです。あなたの性質を浄化し、神聖なエネルギーで満たしてくれるものはすべて、タパスなのです。「五感と心の上にコントロールを働かすこと」はすべてタパスなのです。

　かつて神々の集会である議論が巻き起こりました。ある者はこう言いました。「冬に冷たい水の中に浸かっていたり、粗末な服を身に着けたり、肉体を使ったあらゆる苦行をするなど、タパスの方がより優れている。」と。別の者は、「いやいや、カリ・ユガ（鉄の時代）においては、サッティヤ（真実、正直）の方がタパスよりずっと優れている。あなたがもし真実を貫けば、神はご自身をあなたの前に現されることだろう。絶対的に正直であろうとする者のところに、神はいらっしゃるのだ。ハリシュチャンドラやユディシュティラは皆、真理の信奉者たちでした」と言い張りました。激しい論争はさらに続きました。そこで、地上にいる賢者たちのところへ判断を仰ぎに行こうということになり、彼らは揃ってナイミサランヤへ出かけて行きました。そこでは、ヨーギーたちが霊性の問題について議論していました。彼らは賢者たちに尋ねました。「タパスとサッティヤとでは、どちらがより偉大なものですか」。賢者たちはすぐには答えませんでした。彼らはお互いに相談し合い、こう言って神々を驚かせたのです。「両方とも偉大である」。さらに、彼らはこう言いました。「この地上において、最も偉大なタパスはサッティヤを守りぬくことである。もし人があくまでも真理を貫き通そうと努力するなら、それが彼を艱難辛苦に出合わせることを知ることだろう。もし人が絶対的に真理に生きるなら、彼はすべてを失うかもしれないし、最悪の試練や困難に直面するかもしれないのだ。故に、サッティヤこそ最も偉大なタパスである」。彼らの下したこの判定は、あなたをより真理に近づけてくれるものはなんであれ、最も偉大な苦行であるということなのです。それは如何なる形であってもいいのです。決まった形というものはありません。「五感と心をコントロールすること」が、タパスなのです。感覚的な欲望を克服しようという決意のもとになされたすべては、まさにタパスの本質を備えているのです。もしあなたがこのよう

な理解をもってタパスを実践するなら、あらゆる瞬間に自分の弱さが現れ出ることに気づくことでしょう。その度に、あなたはそれに流されることなく、「いや、だめだ！」と自分に言い渡さなければならないのです。もしあなたがサダナにおいて本当に誠実かつ真剣であるならば、人生のあらゆる瞬間において、タパスから逃れることはできないのです。

スワディヤーヤ（聖典読誦）

ニヤマの四番目は、スワディヤーヤです。それは、「聖典や霊的な書物の学習」を意味します。それは、霊的な知識の源泉であり、宗教の拠り所となるものであり、神聖な生き方の原点となるものです。これらはあらゆる信仰の偉大な聖典・経典類の中に、具体的に表現されています。聖典や経典には、神と親しく交わり、そこから物質次元の知識よりもずっと高次の知識を引き出した、聖賢方の啓示が含まれているのです。彼らはこの知識を聖典という形で残したのです。瞑想や超意識状態を通して得られた、体験や啓示や深遠な霊的知識のすべてが、ウパニシャッド等の様々な聖典に書き記されてきました。それらは、断固とした努力によって、永遠の源からあらゆる知識を引き出し、高い精神的領域に確立した古の聖賢方の体験の記録なのです。そして彼らは、それらを聖典を通じて伝えてきたのです。聖典とは、永遠の真理についての知識を明らかにした書物であり、その声明はいつの時代にでもあてはまり、不変なのです。それらは、朽ち滅びていく事柄について語ってはいません。この世の事物についての知識は変化します。何故なら、物事そのものが変化していくからです。しかし、偉大な真理は、永遠かつ唯一のものであり、それについての知識もまた永遠に通じるのです。故に、彼らが表明した根本的な真理が変化するということはあり得ないのです。それらは如何なる時代においても有効なのです。聖典類は、多くの聖賢たちによって、解説や詳しい注釈が加えられてきました。また、様々な神秘家たちによって、彼らの人生において経験した真理の様々な側面について、丹念にかつ詳細に記述されています。インドは非常に多くの神人たちを生み出してきました。そして、様々な場所に住む彼らの誰もが、自身の体験記録を世代から世代へと伝えてきたのです。こ

れらすべてが霊的知識の宝庫を形成し、我々はスワディヤーヤを通じて、そこから導きを引き出すことができるのです。

　スワディヤーヤは、自分自身を向上させ、かつ人生に変容をもたらす崇高な霊的知識の巨大な宝庫へと通じるドアを開ける鍵なのです。それは、私たちが物質的な人生を超越できるように、神聖な生き方についての素晴らしい知識を与えてくれるのです。さらには、道徳性の秘訣や精神生活の秘訣をも授けてくれるのです。これらすべては、大学の教科書では決して見つけることはできません。我々の中にある神性を如何にして目覚めさせるか、霊的進化に向かってどのようにより高く飛翔するかは、法律の本や医学書、実用書などからは学ぶことはできません。我々の魂の永遠の運命を理解するために、私たちは大学の教科書や一般の図書館に並んでいる書籍以外の本のところへ行かなくてはなりません。それが霊的な書物であり聖者たちの伝記なのです。それらは、それ自体に人生の真実についての宝石が内包されているのです。故に、聖典読誦は、永遠の叡智の宝庫の扉を開けてくれる黄金の鍵であり、また完成と不死の道において、修行者に導きを与えてくれる霊的知識の宝庫の扉を開けてくれる黄金の鍵でもあるのです。これがスワディヤーヤの価値なのです。

　ここで、スワディヤーヤの心理的価値及び実際的価値とは何なのか、さらに日常生活において人はスワディヤーヤから何を得ることができるのかについて、考えてみましょう。そこには非常に深遠できわめて理にかなった理由があるのです。ご存じのように、心がするあらゆる経験は直ちにその印象を受け入れ、その痕跡を残すのです。そして、これらの痕跡は種子となります。日々獲得し続けているヴァーサナ（心の潜在的傾向性）によって、心の性質がいかに変化するかということもわかっています。これらすべてを踏まえて、聖賢方はこう言っているのです。人は前進し好ましくないヴァーサナを克服しなければならない、世俗の生活において心に入り込んで来るこれらのヴァーサナに対抗するために、その方法を工夫すべきであると。そして、これらの心の動きに対抗するために、彼らはスワディ

ヤーヤを与えたのです。

　スワディヤーヤは、このように機能するのです。丸太に釘を打ちつけた後、それは必要ないとわかった時、その釘を力いっぱい抜くかわりに、別の釘を打ちつけます。すると前の釘は抜け、同時に二番目に打った釘はその板の中に入っていきます。同様に、毎日ヴァーサナを一つ一つ引き抜こうとするかわりに、それは大変な気力を要するので、ぜひスワディヤーヤを実践して下さい。毎日、朝晩、様々な時代の先人たちの卓越した霊的人格と触れ合うようにしてください。彼らの言葉は力をもっています。何故なら、それらは実際の経験からきた言葉だからです。故に、それらは変容させる力を持った言葉なのです。自分自身をこれらの高度な知性とのじかの触れ合いの中に置きなさい。聖典のページには彼らの生きた経験が詰まっています。聖典を読誦する時、あなたは物質世界を忘れ、直接体験に基づいた真の知識の世界に浸ることでしょう。霊的光明の力は、聖典を著した聖賢方の言葉の背後にあるのです。

　スワディヤーヤは、シャンカラやキリストなどといった、聖典の著者たちの前に座ることを意味します。それは一種の消極的なサットサンガ（聖なる集い）ともいえます。
　聖典読誦のために座る時、あなたは、悟りの光で照らしてくれる偉大な人物と共にあるという、我を忘れるほどの純粋な歓喜の中に自分自身を置くことになるのです。これらの人物たちは死にもしなければ、いなくなることもないのです。彼らが消滅することはないのです。なぜなら、彼らは永遠の魂と一つになっているからです。故に、彼らの存在もまた永遠不滅なのです。彼らの存在は、死ぬ度に変化する普通の人々とは違うのです。このように、目には見えないけれどもそこに存在している聖賢たちとの触れ合いを確立しなさい。彼らの著書を読むことによって、聖賢たちとの交わりを得なさい。すべての人が偉大な魂とのサットサンガの機会をもてるわけではありません。ほんの僅かな人だけが、そのような機会を与えられているだけです。故に、いったん聖賢たちとの個人的な接触をもてたなら、

彼らから最大限の恩恵を得ることができるよう全力を尽くさなければなりません。そして、スワディヤーヤによって、自分自身を管理していかなくてはなりません。もしあなたが『Voice of the Himalaya』を手に取るならば、あなたはスワミ・シヴァーナンダ大師と共にあり、あたかも彼があなたに話しかけているように感じることでしょう。著述家は大勢います。それほど魂のパワーのない平凡な作家でさえ、人を元気づけたり鼓舞したりすることができるのですから、そのすべての言葉が直接体験からきている、霊的著者の力たるや、如何ばかりでしょうか。彼らの経験はより深遠であり、それらは、読む者を感情や精神のレベルにおいて揺さぶるだけでなく、たえずスワディヤーヤをしている人の魂に触れ影響を与えるのです。毎日のスワディヤーヤは、いわば知識のガンガーに浸かるようなものなのです。スワディヤーヤは、あなたに知識の沐浴をさせてくれるのです。あなたは常に世俗的な思想の大海に投げこまれています。時には、聖賢たちと交わり、彼らの言葉から溢れ出る叡智の中に身を浸しなさい。スワディヤーヤはこれを可能にしてくれるのです。

「決してスワディヤーヤを軽視すべきではない」と、ウパニシャッドは言っています。聖賢方は、私たちが最も偉大な高度な知性と触れ合うことができるように、スワディヤーヤという貴重な手段を与えたのです。これこそが、スワディヤーヤの重要な目的なのです。聖典読誦において、ある本に深く没入した時、あなたの思考は完全に神に固定されるようになります。それ自体が、一種の瞑想状態なのです。というのは、その時、心はすべての世俗的な想念から切り離され、霊的な思想の中に吸収されているからです。

絶えずスワディヤーヤを実践し続けていると、一体どんなことが起こるのでしょうか。あなたはこれらの思想を心に取り込みます。これら精神を高揚させ霊感を与えてくれるような思想によって、洗練された感情が生み出され、心は霊的な思想によって満たされるようになるのです。毎日の聖典読誦において、あなたが意気消沈している時は勇気を与えてくれるような、気高く、霊感に満ち、光を与えてくれる霊的思想を取り入れているの

です。もしあなたが落ち込んでいたら、それはあなたを元気づけ、高めてくれるのです。このように、スワディヤーヤは、毎日あなたに霊的食物を与えてくれるのです。それはいわば魂の糧なのです。

　私たちは朝から晩まで世俗の大海にいるので、非常にたくさんの想念やサムスカーラ（残存印象）が形作られています。従って、夕方にはスワディヤーヤをすべきなのです。それは、霊的に好ましくない印象や世俗のサムスカーラをすべて追い出してくれ、決してそれらに留まるチャンスを与えないのです。このように、スワディヤーヤの実際的な効用の一つは、世俗的な思想を薄めるために、霊的な思想を取り込むことなのです。

　二つ目は、集中と瞑想に大いに役立つということです。では、どのようにして？　例を挙げてみましょう。我々の目的は、心の焦点をたった一つの霊的な思いに堅固に定めることです。同様に、祈りもあらゆる礼拝も、究極的に心をたった一つの思いに固定させるためなのです。しかしながら、心は常に様々な好ましくない物事について考え続けています。悔い改めていない凡人の心は、あらゆる類いの官能的で情欲にみちた想念でいっぱいです。考えることのすべては、五感の満足や世俗の対象物についてだけです。人は五感で感知できる以上のものが存在することを知らないのです。もしあなたがこれらは人間の真の進化と向上のためにならないと気づいたならば、その時から、あなたは善き事を思い、心に清らかな思いを抱くよう努力し始めることでしょう。しかし、善き思いというものも時にはやってきますが、ほとんどは悪い考えばかりです。心はハエみたいなものなのです。美しいものの上にとまることもありますが、唾の上にとまることもあるのです。このように、心は様々な事物の間を行ったり来たりしているのです。しかし、ミツバチは常に花の上にとまり、汚物の上には決してとまりません。心は最初のハエの状態から離れ、次にミツバチの状態からも離れ、最終的にはより高次の状態に定着しなければならないのです。ここにスワディヤーヤの目的があるのです。スワディヤーヤは心を崇高な思想のみに縛りつけ、心に悪い思いを抱く隙を与えないのです。心というものは、繰り返し与えられたものだけを取り入れます。初めのうちは、心は反

乱を起こすことでしょう。しかし、次第にその味わいを経験するようになり、スワディヤーヤなしの食事は考えられなくなるのです。それは人間の本質的な部分だからです。それは真の実在にとっての食べ物なのです。この習慣が形成された時、霊的な思想だけが我々の精神を支配し始めるのです。これが、スワディヤーヤが精神に及ぼす深遠な心理的作用なのです。

　ここに1万5千ドルもした立派な競走馬がいるとしましょう。馬主は、馬があちこち走り回ることや、なんでもかんでも食べることを許さず、精選された食べ物だけを与えることでしょう。同じ様に、心も非常に貴重な馬なのです。心は我々を至高の聖処に連れて行ってくれるのです。もし、馬主が馬があちこちに行くことを許さず、よい牧草地だけを選んだとします。彼は馬をそこへ連れて行き、杭を打ち、その周りにロープで馬をつないでおくことでしょう。そこには、馬が自由に動ける範囲というものがあります。それは制限つきの自由です。もしロープの長さが30ヤードならば、馬は直径60ヤードの円周の中を自由に動き回ることができます。つまり、束縛はあるけれども、制限の範囲内ならば自由に何でもできるということです。それがスワディヤーヤなのです。もしあなたがスワディヤーヤの習慣を身につけるなら、それはあなたの心に新しい牧草地を作り出すことでしょう。以前は、心は野放図にさ迷い歩いていましたが、今あなたは心に制限付の選ばれた牧草地を与えたのです。常に心をこのスワディヤーヤの枠組みの中に制限しておけば、心は霊的な書物に書かれている思想だけを取り入れ続けるのです。心はもはやこれらの範囲を越えることはありません。やがて心はスワディヤーヤに慣れてくるのです。これが、すべての修行者が理解しなければならない、スワディヤーヤのもう一つの側面なのです。

　以上、スワディヤーヤが消極的なサットサンガであるといわれている理由が理解できたことでしょう。スワディヤーヤは、私たちを、覚醒した魂たちによって表明された永遠の叡智へとアクセスさせてくれるのです。そして、私たちに、彼らとの霊的調和をもたらしてくれるのです。さらに、我々

の心に新しい牧草地を与えてくれ、入り込んでくる悪いサムスカーラ（残存印象）を遮断する役目を果たしてくれるのです。

イーシュワラ・プラニダーナ（神への献身）
　ニヤマにおける五番目の重要な項目は、イーシュワラ・プラニダーナです。これはニヤマの中で最も崇高なものです。ここでまず、ヤマとニヤマは霊性の生活における始まりにすぎないということを、心に留めておいてください。しかし、それは霊的探求のどこかの時点でこれらが要らなくなるという意味ではないのです。つまり、ヤマ、ニヤマの実践の後、あなたがダーラナー（集中）の実習に進んだからといって、ヤマ、ニヤマをやめてもいいということではありません。ヤマ、ニヤマは常に遵守すべきものなのです。建物が完成しても基礎を取り去ることはできないように、ヤマとニヤマは、あなたが悟りを得るまで、継続的に実践されるべきものなのです。しかし、修行者が悟りを得た後は、ヤマ、ニヤマをあえて実践する必要はなくなります。というのは、その人はまさに"本来の自己そのもの"になるからです。つまり、善性そのものになるのです。故に、悟りを得た聖賢たちの行動のすべては、自然にヤマ、ニヤマにかなったものとなるのです。ダンサーが踊りを習っている時は、そのステップに全意識を集中しなければなりませんが、その人がその道に熟達した後は、もはやそれらに意識的に集中する必要はなくなりますし、それについて考える必要もありません。それでも、その人は決してステップを間違えることはないでしょう。しかし、その境地に達するまでは、絶え間なく練習を続けなければならないのです。

　イーシュワラ・プラニダーナは、「神の前に自分自身をおく」という意味です。つまり、「常に神の存在を意識しながら生きる」ということです。では、これはどういうことなのでしょうか。どんな極悪人でも、神の前では謙虚であり、その態度も一変します。より高き力の前に、我々は自分の小ささやみすぼらしさを感じます。イーシュワラ・プラニダーナは、敬虔さ、神への深い愛やゆるぎない信頼、謙虚さといったような真摯な態度を

第2章　アシュターンガ・ヨーガ（八段階のヨーガ）

保持することを意味します。あなたが常にそこに神の臨在を感じながら生きるよう心がけているならば、そこにエゴの入る余地など全くないはずです。これは、たえず自分のエゴをチェックし続けるための非常に有効な方法なのです。それによって、あなたの態度は敬虔さと神への愛に満ちたものへと変化することでしょう。このように、イーシュワラ・プラニダーナの実践は、あなたが神との霊的交わりの中に入っていくのを容易にしてくれるのです。イーシュワラ・プラニダーナは、常に自分の心を神の方に向け、神との霊的交わりの中で生きることを目指すものなのです。

　至る処に神の存在を感じている人の行動は、自然に抑制のきいたものとなります。神の存在の前でふさわしくない行為をすることなどできないからです。あなたが内面的にも外面的にも自分の全人生を神に捧げようとする時、身口意三業にわたって自分の行為が、自ずと徳にかなった完璧なものとなっていることに、気がつくことでしょう。"神の臨在の中で生きる"という意識的な訓練を誠実に熱心に実践していくと、それは、徐々に、修行者の中に強力な影響力を及ぼすようになるのです。あなたが行為をしようとした時に、そこに神の臨在を感じることでしょう。故に、如何なる間違った行為もなさないよう、あなたは細心の注意を払うことでしょう。「他の人からは隠すことができるかもしれないけれども、如何なる物事も神からは隠すことはできない。故に、私は神の存在の前において恥ずべき行為をなすべきではない」。このような心的態度が、神の臨在を常に感じている修行者の中に作り出されるのです。

　ここに、スーフィー（イスラム神秘主義）の師が、弟子たちにイーシュワラ・プラニダーナの精神を教え込もうとした、ある物語があります。師は何人かの弟子を呼び、一人一人に鳩を一羽ずつ渡すと、こう言いました。「今日この鳩をさばいてごちそうを作るつもりだ。おまえたちは誰も見ていないところへ行って、この鳩を殺してきなさい」。弟子たちは、それぞれ手に鳩を持って、誰にも気づかれずに鳩を殺すために、出かけたのでした。しばらくすると、弟子たちが師のところへ戻ってきました。師は弟子

たち一人一人に尋ねました。鳩を殺すためにどこに行ったのかと。最初の弟子はこう答えました。「私はドアのかげに隠れて、鳩を殺しました」。また二番目の弟子はこう答えました。「私は木のかげに隠れて、殺しました」。やっと戻ってきた三番目の弟子は、師に鳩を差し出すと、こう言いました。「私は鳩を殺すことができませんでした。私は、誰も見ていない場所を見つけることができませんでした」。すると師は言いました。「他の者たちはみんな見つけたではないか。何故おまえだけが見つけられなかったのだ」。その弟子はこう答えました。「師よ。どこへ行っても、神の目が私を見ていました。私は神に気づかれずに、神から逃げることは決してできなかったのです。故に、鳩を殺すことはできませんでした」。これこそがまさに、イーシュワラ・プラニダーナの精神なのです。

　また、こんな話もあります。「誰も見ていないところへ行って食べなさい」という言いつけとともに、ある人にお菓子が与えられました。しばらくすると、その人は戻ってきて、そのお菓子を返すと、こう言いました。「神から見られないところを探すことはできませんでした」と。

　このように、神の臨在をあらゆるところに感じるという心的態度は、『バガヴァット・ギーター』の11章で語られている真実の下に生きようとしている者の中に、生まれるのです。第11章において、神はこう言っています。「私はおまえに天眼を授けよう。それによっておまえは私の普遍的な相を見ることができるであろう」。神はアルジュナに天眼を与え、その宇宙的形相を明らかにしたのです。アルジュナが見るものすべて、神でないものは一つとしてありませんでした。地上のすべてのものの中に、動くものも動かないものも、いたるところ、すべては完全に神の存在によって浸透されているのを感じたのです。そして、この"あらゆるものに神が宿っている"という宇宙的認識こそが、神の存在の中に完全に没入するための手がかりとなるものなのです。

　ある僧院に無学の寺男がいました。名前をローレンスといいました。彼は掃除や穴掘りなどもろもろの労役を与えられ、雑役夫として何年も僧院で働いていました。やがて、彼は台所係りに取り立てられ、食器を洗うよ

第2章 アシュターンガ・ヨーガ（八段階のヨーガ）

うになりました。のちには、料理人の助手に昇格し、さらに主任料理長にまでなったのです。45年間もの間、彼は同じ僧院で働き続けたのです。「ここの僧たちはみな何時間も瞑想や祈りに時を過ごしているのに、自分だけが、たとえ5分といえどもそのような時間をもつことができない」と思うと、ゆっくりと悲しみが広がっていきました。彼は誰よりも早く起き、寝るのは一番最後だったのです。「他の人たちは霊的にどんどん進歩しているのに、自分には霊的修行をする時間さえない」。このような思いが、常に彼の心を占めていました。彼はいつも、神を礼拝するための祈祷会に参加することができないことを悲しく思っていましたが、まさにこの悲しみこそが絶えず彼に神のことを思い起こさせたのです。「おお神よ、何故あなたは私をこのような境遇にお置きになったのですか」。彼はたえず神に語りかけました。彼は決して神のことを忘れることがなかったのです。故に、彼のハートは常に神聖なるスピリットで満たされているかのように見えました。

「自分には神を瞑想する時間がない」と嘆いていた彼は、実は、まさに神の臨在の中で生きていたのです。人々は、ブラザー・ローレンスが違う世界で生きているらしいということに気がつき始めました。というのは、彼のあらゆる動きは、ここにいない人のようだったからです。彼の肉体はここにありましたが、彼の心とハートは神の前にあったのです。彼は絶えず神に祈り、神に語りかけていたのです。それが、彼のヨーガだったのです。そして、"ハートの中で神の存在を生き生きと感じること"こそが、彼の修行のすべてだったのです。この変容が起こった時、誰もが彼に惹きつけられるようになりました。野菜や卵を売りに来た人々も、商売がすんでも、魅力的なブラザー・ローレンスの傍からなかなか離れようとはしませんでした。他の僧院の僧たちも、彼に会うためにわざわざこの僧院にやってくるようになったのです。彼らは言いました。「あなたは、そこから至福がやってきて、あなたに生命を吹き込んでくれる、まさにその源泉をお開けになったようですね」。

彼は自分自身について何かを書いたり語ったりすることは好みませんでしたが、しかしながら、人々に対する愛情に突き動かされて、彼自身の内

なる至福の秘密を知りたがっている熱心な修行者たちにたくさんの手紙を書きました。そして、そのどれもが、それを受け取った人にとっては、まるで宝物のようでした。彼がなくなってから、それらの人々が集まり、彼の手紙は一冊の書簡集としてまとめられたのです。この本はやがて、『The Practice of The Presence of God』として知られるようになり、今日では様々な言語に翻訳されています。

　プラフラーダの見事な人生が、我々に与えてくれる素晴らしい教えとは何でしょうか。
　彼は至る処にナラヤナ（ヴィシュヌ神のこと）だけを見ました。彼の父である魔王ヒランヤカシプはとても残酷で、かつ無神論者でした。プラフラーダは、母親のおなかの中にいる時でさえ、すでに霊的知識に恵まれていました。少年は学校に入ると、男の子たちを集め、神の名を高らかに唱え始めました。教師は怯えていました。というのは、もしこのニュースが父王の耳に入れば、彼の首は飛んでしまうからです。彼は懸命にプラフラーダに神の名を唱えることを思いとどまらせようとしました。「お願いだから、神の名を唱えることをやめなさい」。しかし、やがて、このニュースは彼の父親の知るところとなり、父親はなんとかして息子を改心させようとしました。彼は息子にナラヤナの名を唱えないように言い渡しました。しかし、プラフラーダは、あろうことか「ナラヤナは私の生命そのものなのです」と答えたのです。それを聞いた父親は、なんとしてもこの少年を殺さなくてはと思い、山のてっぺんから突き落としたり、毒蛇に噛み付かせたり、火の中へ投げ込んだりしました。しかし、そのたびに彼は神の名を唱えました。さらには、毒を飲まされたり、水の中や煮立った油の中に投げ入れられたりしました。しかし、少年は常に至る処にナラヤナだけを見ました。彼は神以外の何物も見ませんでした。とうとう、父親は息子に尋ねました。「ナラヤナはどこだ」。「あなたは私にナラヤナはどこかとお尋ねになりました。しかし、ナラヤナでないものはどこかとお尋ねになるべきです」。「では、この柱にもナラヤナはいるとでもいうのか」と言うと、腹立ちまぎれにその柱を蹴り上げたのです。途端に柱は真っ二つに裂け、

ナラシンハ（人獅子）の形をしたナラヤナ御自身が現れ、ヒランヤカシプを滅ぼしたのでした。

　このプラフラーダの物語が我々に伝えようとしている教えの核心は、"神は至る処にいる" ということです。全宇宙は神によって浸透されているのです。ここもあそこもどこもかしこも神によって浸透されているのです。バターがミルクの中に浸透しているように、神は全宇宙に浸透しているのです。そして、このように "神の普遍性を常に想起すること" によって、決して途切れることのない神との霊的交わりを保ち続けることが可能となるのです。これは自分自身をヨーガの意識状態に確立させるための最も確実な方法であり、究極的に「神との完全なる全的合一」を意味するヨーガにおいて、これはヨーガの最も深遠なる深みにおいて完全なる合一を得るための道を開いてくれるものなのです。故に、あらゆる聖賢たちは、この教えを、様々な方法で伝えようとしてきたのです。

　ナームデーヴがチャパティを準備している時、一匹の犬がやって来て、それをくわえて逃げていきました。それに気がつくと、彼はギーのはいったボールをもって、すぐに犬の後を追いかけました。「それはぱさぱさしていて、あなたののどに障ることでしょう。どうぞこのギーをお使いください」。

　別のこんな話もあります。ある聖者がベナレスに巡礼に行きました。彼はそこからガンガーの水を持ち帰りました。ベナレスからガンガーの水を持ち帰り、それをさらにラメーシュワラムに持っていくというのが、人々の習わしでした。ラメーシュワラムにもまたシヴァ神の寺院があるのです。彼もその水を持って、ラメーシュワラムに行くところでした。数日後、ラメーシュワラム寺院の近くまで来ました。それはよく晴れた暑い日でした。寺院の近くで、ロバが疲れ果てて倒れていました。ロバは極度の脱水状態のために、いまにも死にそうでした。そこにいた人々はみな自分が寺院で礼拝するのに忙しく、誰もそのロバのことを顧みる者などいませんでした。

しかし、この神の信者は、そこに神の臨在を感じたのです。彼はロバの近くに行き、「この生きた神様のために、どうしたらガンガーの水をよりよく役立てることができるだろうか」と思案すると、その水をロバの大きく開いた口に注いでやりました。その時、彼はロバの姿をとって現れた神様ご自身にそれを捧げているように感じました。すると、他の人々が寺院の中で礼拝している神様が、なんと彼の前に現れたのです。そして、彼を祝福したのでした。

　ガンガーの辺に一人の聖者が住んでいました。ある日、彼の家にダコイト（盗賊）が侵入しました。聖者はいくつかの銀の食器を持っていました。盗賊が何日間か家の様子を窺っていると、たくさんの信者たちがこの聖者に捧げものをしていました。そこで盗賊は、この家にはきっとたくさんの財宝があるに違いないと考えたのです。それらの銀の食器は、入口の部屋に置かれていました。盗賊が押し入った時、そこにはたくさんの食器がありました。彼はそれらを自分の袋につめている時、不覚にも音をたててしまいました。それを聞きつけた聖者が、「何だろう。動物でも来たのかな」と思い、瞑想の座から出てくると、そこに大きな男を見つけました。男は聖者を見ると、何も盗らずに一目散に逃げ出しました。すると、聖者は食器の入っている袋をつかむと、すぐに盗賊の後を追いかけ、止まるように言いました。聖者は盗賊に追いつくと、「おまえは何を恐れているんだい。これらはみんなおまえのものだよ。もっと持って行きなさい」と言って、家にあったものすべてを盗賊に持たせ、去らせたのでした。

　何年か後、スワミ・ヴィヴェーカナンダがケダルナート、バドリナート地方に巡礼をしていた時、氷で覆われた場所に一人のサードゥ（行者）が横たわっているのを見つけました。その当時の旅事情は今とは全く異なり、ちゃんとした巡礼ルートもなければ宿泊施設もありませんでした。ヴィヴェーカナンダは、困難極まりない中、巡礼を続けていたのです。彼がそのサードゥに会ったのは、そんな巡礼の途中でした。彼はそのサードゥに自分の毛布を差し出すと、サードゥは顔を上げ、ヴィヴェーカナンダのことを霊的な人だと感じたのか、自分の過去について語り始めました。「パヴ

ァハリ・ババという聖者のことを聞いたことがありますか」。彼はヴィヴェーカナンダにそう尋ねると、パヴァハリ・ババの人生に起こった出来事について語り始めました。そして、さらにこう続けたのです。「私はあの時の盗賊なのです。あの聖者が私に触れたあの日から、私の人生に変容が起こったのです。私は自分のしたことを激しく後悔し、その時以来、自分の罪業を償い続けているのです」。聖者の力とは、このようなものなのです。

"神は至る処にいる"というこの感覚は、あなたが神と親しく交わり、究極的に神と一つになろうとする努力において、あなたを大いに前進させてくれる大変素晴らしい方法なのです。

（3）アーサナ（坐法）

　ヤマ（禁戒）とニヤマ（勧戒）の実践によって、人の外面及び内面的性質がともに浄化され、より高次の体験を受け入れる準備が整ったことになります。いよいよこれから、身体の本質へと進んでいきます。これが第三段階のアーサナにあたります。これには人間の構造についての深い理解が必要とされます。ご存じのように、人間の肉体は五大元素からできあがっています。それは、目に見えない、高速運動している電子から成り立っています。陽子と電子は、あなたの物質的存在の最も内奥の部分です。そして、宇宙に存在するこれらすべては、三つの質、すなわちサットヴァ（純質）、ラジャス（動質）、タマス（暗質）の産物なのです。それは速さの異なる三つのバイブレーションのことであり、最も粗雑なバイブレーションがタマスであり、やや微細なものがラジャスで、最も微細なものがサットヴァなのです。

　ラージャ・ヨーガ（瞑想のヨーガ）の第三段階である"アーサナ"の目的は、存在のあらゆる部分に完全なるサットヴァの質をもたらすことです。すべては調和の質をもつサットヴァによって浸透されていなくてはならないのです。そのために、パタンジャリは、ここにアーサナを配したのです。しかし、これは我々がハタ・ヨーガ（身体のヨーガ）において行うアーサナ（体位法）のことではありません。ラージャ・ヨーガにおいては、第三段階で、肉体の上に完全にバランスのとれた状態、完全なるサットヴァのバイブレーションをもたらそうとしているのです。故に、ここでいう"アーサナ"とは、微動だにせず、身体を完全なる静止状態、絶対的な静けさの中に保つための訓練あるいは鍛錬を意味します。結果、そこにはほんの僅かな心の動揺さえもみられません。身体の如何なる乱れも震えも動きも、心に対する身体の自然の反応なのです。身体と心は、全く別々のものではなく、それらはお互いに相互依存しあっているのです。もしあなたが激しい動きをするなら、それらはプラーナ（生命エネルギー）に作用し、今度はそれが心に影響を与えるのです。もし身体に完全なる静止状態がもたら

されるなら、プラーナは安定し、心もまた安定するのです。これこそがラージャ・ヨーガにおけるアーサナの目的なのです。

　故に、パタンジャリのいう"アーサナ"とは、完全に安定した微動だにしない姿勢（静止状態／不動性）を長時間保持するために、自己訓練することなのです。あなたが完全に不動の状態にある時、呼吸もまたゆっくりとコントロールされ、規則正しく滑らかなものとなります。そして、その姿勢が快適なときにのみ、これを堅固に維持できるのです。もし姿勢に無理があり快適でないとき、人はそれを変えようとします。そのために、長時間その姿勢を保つためには、どうしても快適で無理のない姿勢が要求されるのです。

　"姿勢は安定した快適なものであること"。堅固に安定した快適な姿勢だけが、完全な静止状態を作り出すことができるのです。最高度の不動性を最大限可能な限り長時間達成することが、アーサナの目的の核心なのです。修行者は、日々自分自身を静めるよう努力しなければなりません。それによってラジャスはコントロールされ、ラジャスがコントロールされると、タマスもまたコントロールされるのです。というのは、ラジャスそれ自体の中にタマスも含まれているからです。つまり、より高次のものは、より低次のものも含んでいるということです。細胞内部のタマス的振動は完全に取り除かれ、ラジャス的振動はコントロールされます。そして、究極のサットヴァ状態が身体の全細胞にわたって発現することでしょう。もしラジャスがコントロールされなければ、心は常に外に向いたままです。

　アーサナはたゆみない日々の実践によって完全なものとさせられるべきです。アーサナには、パドマ・アーサナ（蓮華坐）、シッダ・アーサナ（達人坐）、スワスティカ・アーサナ（吉祥坐）、スカ・アーサナ（安楽坐）の四つがあります。また、別の一連の八つのアーサナもあります。それらすべては、快適で長時間実践可能であるという条件を満たしているのです。初期の段階においては、自分にとって快適なアーサナを見つけるのに時間がかかるかもしれません。パドマ・アーサナが適している人もいますが、すべての人にいいとは限りません。シッダ・アーサナが適している人もい

れば、スワスティカ・アーサナが適している人もいます。あなたはどのアーサナが自分に最も適しているかを見つけ出さなければなりません。なぜなら、人は身体を忘れない限り、自分の心を如何なるターゲットの上にも集中させることはできないからです。

　一つのアーサナで、連続的に三時間座っていることができたとき、アーサナを支配したといいます。それは身体を完全にサトヴィック（サットヴァ優位）にしてくれます。そして、ラジャスとタマスはともにコントロールされ、次の段階である"プラーナーヤーマ"（調気）に進む準備を整えてくれます。最初は、アーサナで座っているとき痛みがあれば、坐法を解き、少し休むべきです。体の実際的な限界は受け入れなければなりません。が、ある程度の痛みは我慢しなくてはならないのです。なぜなら、あなたは霊性の道において、最高の至福を達成しようとしているのですから、如何なる犠牲も払わないということはあり得ないのです。しかし、本物の修行者は、自分は何一つ断念していないと思っています。もし友達がポケットを金貨でいっぱいにしてくれると約束してくれ、あなたがポケットから価値のないコインを投げ捨てたとしても、その時あなたは何かを犠牲にしたと言うことはできません。同様に、最も高次の永遠の至福を得るために、あなたは世界という価値のないものを犠牲にしようとしているのです。故に、ティティクシャ（忍耐）は必要です。ヴェーダーンタでは、ティティクシャを六つの徳目の一つに挙げています。

　もし修行者が安定した坐法を実践するならば、全細胞の振動速度がサットヴァに変容することでしょう。そして、サットヴァが優位になると、プラーナも安定状態を得るのです。そこで、ヨーギーは、呼吸の調整のためにプラーナーヤーマの実践に進むのです。

　アーサナはまた、苦行の一種でもあります。身体には常に動きたいという衝動があります。故に、アーサナの実践によって、この衝動に抵抗しようと試みるとき、自己統御力がもたらされるのです。

アーサナの別の効用は、エネルギーを保持するということです。動くことはエネルギーを浪費することです。身体を動かすことによって、より多くの生命力が消耗し、体がすり切れていきます。一方、一定時間、完全に安定した坐法を保つことは、エネルギー消耗をまったくの最小限にとどめ、エネルギーを保存してくれるのです。冬の間、ある生き物たちが冬眠することを考えてみれば、そのことが理解できるでしょう。六ヶ月間、彼らは食を断ち、如何なる食べ物も口にしません。そこにはエネルギーの消耗はありません。というのは、あらゆる動きが停止されるので、すべてのエネルギーは静止したままなのです。

アーサナによって保存されたこの物理的エネルギーは、プラーナーヤーマによって、精妙なエネルギーに転換させられ、"集中"のために使われるのです。

特筆すべきもう一つの点は、あなたがアーサナに精通すればするほど、絶対的な不動の姿勢に対する統制力が増すということです。次第に外界の刺激に対する感受性は薄れ始め、身体とのつながりはより精妙になっていきます。通常、肉体意識は非常に粗雑なものなので、外界の刺激に対するあらゆる知覚は脳に伝えられ、それは強烈な興奮状態として感じられるのです。しかし、安定した快適な姿勢が深まれば深まるほど、その興奮状態にも変化がもたらされるのです。神経過敏さはゆっくり後退していき、五感の興奮状態も最小限のものとなっていくのです。そして、アーサナを完璧に支配することによって、あなたはゆっくりと肉体意識を超えていきます。それは、あなたが霊的な意識に到達したという意味ではありませんが、そこにはある種の肉体意識の超越があるのです。では、そのとき一体何が起こっているのでしょうか。暑さや寒さといったような相対的なものは、もはやあなたに影響を及ぼさなくなるのです。あなたは冬にガンガーの岸に行って、裸で座っていることができるようになります。それでもあなたは寒さを感じることはないでしょう。これがアーサナを完璧に支配したときにもたらされる特有の力なのです。たとえガンガーの水の中に居続けたとしても、瞑想状態で、姿勢を完璧に堅固に安定した状態に保つならば、

外界の刺激に対する感受性はもはや働くことはありません。もしあなたがより高次の段階へと進みたければ、アーサナにおけるこの種の不動性は絶対に必要なのです。なぜなら、身体が暑さや寒さといった相対的なものに反応している限り、心は常に身体の方に引っぱられ、内的な対象の上に固定することができないからです。あなたがアーサナに熟達し、アーサナにおけるこの不動性を獲得すればするほど、それらに支配されることはなくなるのです。

　アーサナに対する完全なる支配力は、無限なるものに瞑想をほどこすことによって獲得することができます。単なる意志力によって、身体を安定させることはできないのです。
　身体を堅固に安定させるための秘訣は、心を身体から引き離すことです。心に無形の無限なる広がりという概念を抱かせなさい。まさに形という概念を立ち去らせるべきなのです。すると、肉体という観念そのものが消え去ります。無形の広大無辺なるものという概念が、人に有限の肉体を忘れさせるのです。無形の無限なるものという意識をもつとき、限定された形という意識は立ち去ります。結果、肉体は同じ姿勢を保持し続けますが、それはまるで木の塊か石のようです。これこそがアーサナにおける絶対的な不動性を獲得する秘訣なのです。心を有限なる肉体から引き離し、無形の無限なるもの（アナンタ）に合一させなさい。
　ある注釈者は、アナンタはヘビを意味すると言います。それは、千の頭を持ち、その頭で地球を支えていると考えられています。というのは、もしあなたが何か重いものを支えているとしたら、あなたは動くことができないからです。（つまり、その不動性に思いを馳せるのです。）しかし、別の注釈者は、アナンタは無限なるものを意味すると言っています。

　安定した堅固な姿勢によって、すべての代謝の過程が最小限に抑えられます。そして身体の安定性は心とプラーナに影響を与え、エネルギーは保持されるのです。それは"集中"のために利用することが可能となり、人はもはや二元性の影響を受けることがなくなります。

（4）プラーナーヤーマ（調気）

　プラーナーヤーマは、ラージャ・ヨーガ（瞑想のヨーガ）の第四段階です。パタンジャリは、最も科学的な方法によって、人間の一番外側の鞘からスタートし、ゆっくりとより精妙な鞘へと進んでいきます。呼吸と心は、密接に相互依存・相互浸透し合っています。呼吸のコントロールとは、吐く息と吸う息の流れを止めることを意味します。呼吸は、身体の中にある精妙な生命エネルギーの粗雑な表れなのです。例えば時計のねじのつまみをつかんで、それを作動できなくさせてしまうと、より精妙な歯車が、そしてついには最も精妙なひげぜんまいが停止してしまうのです。同様に、心を作動させるエネルギーをコントロールすることによって、心はその動きを停止するのです。この、心を動かしているものがプラーナ（生命エネルギー）なのです。もしプラーナが停止させられれば、心は動くことができず、心の静止状態がやってくるのです。

　故に、プラーナの流れを止めることをプラーナーヤーマといいます。しかし、それはハタ・ヨーガ（身体のヨーガ）の本に載っている9〜10種類のプラーナーヤーマのことではありません。ここでいうプラーナーヤーマは、ハタ・ヨーガのプラーナーヤーマをさしてるのではなく、"クンバカ"（止息）に関することだけに言及しているのです。息を吸ってから止めることを"内的クンバカ"といいます。また、息を吐いてから止めることを"外的クンバカ"といいます。内的にせよ外的にせよ、時々自然に息が止まることがあります。これを"ケーヴァラ・クンバカ"といいます。

　プラーナーヤーマによって、人間のすべての内的器官は浄化されるのです。私たちは、人の中には、サットヴァ・グナ（純質）とラジャス・グナ（動質）とタマス・グナ（暗質）があることを知っています。我々の目的は、サットヴァ・グナを最大限に発現させることなのです。しかし、サットヴァ・グナを覆い隠してしまっている汚れや曇りのヴェールがあるのです。プラーナーヤーマはこのヴェールを取り除いてくれ、サットヴァ・グナを完全

に発現させてくれるのです。これがプラーナーヤーマの主な目的なのです。
　人はゆっくりと心の動きを止めていかなければなりません。心とプラーナは密接に関連しあっているので、プラーナを調整することによって心を調整するのです。その結果、心は浄化され、それによってサットヴァの完全な発現を邪魔していたヴェールが取り除かれます。サットヴァの輝きが現れ出たとき、あらゆる善なる想念がやって来て、ヤマ・ニヤマは揺るぎないものとなり、すべては申し分ないものとなっていきます。心は落ち着き安定し、次の段階である"ダーラナー"（集中）の実践への適性を獲得するのです。このように、プラーナーヤーマの目的は、修行者を"集中"の実践に適するように準備させることなのです。

（5）プラティヤハーラ（制感）

　ラージャ・ヨーガ（瞑想のヨーガ）の最初の四段階は、厳密な意味でのヨーガというよりも、準備的性格を帯びており、それらは言わばヨーガの土台作りのようなものです。

　ギャーナ・ヨーガ（知識のヨーガ）においては、実際のヨーガは、ニディディヤーサナ（深い瞑想）にあたります。そして、この深い瞑想をするのに適するようになるために、まずあなたはサッド・グル（悟りを得た霊性の師）からウパニシャッド（インドの聖典）の真理について、つまり"実在についての深遠なる本質"について、絶えず聴聞し続けなければなりません。もし同じ教えを毎日聞き続ければ、そこに含まれている暗示はやがて作用するようになります。グル（霊性の師）は毎日あなたに「あなたはこの肉体ではない。この気まぐれな心でもない。あなたは永遠不滅のアートマンである」と繰り返し言い続けます。その結果、内的意識は目覚めさせられるのです。まだ潜在的で目覚めていない本質的な意識が、あなたの真の自己の本性を明らかにしてくれる、この積極的で霊感に満ちた真実の言葉に支配されるようになるのです。もし潜在意識がこれら真理の言葉の絶えざる流れの下に置かれるならば、誤った観念の厚いヴェールはゆっくりと破られ、この正しい認識が意識の中心にまで届き、あなたの意識にある変容が起こるのです。「私はこの肉体である」「私は苦しんでいる」といったような思いは、ゆっくりと消滅し始め、あなたを肉体に縛り付けていたこの束縛から、どんどん自由になるのです。すると、あなたの意識に精妙な変化が起こり始め、「様々な体験はこの肉体の上に起こっているだけで、私は如何なる影響も受けることはない」と感じるようになるのです。このような目に見えない変容が起こるのです。

　こんな話があります。雌ライオンが、草を食べている羊の群れを襲おうとしていました。彼女は一匹の羊に飛びかかりましたが、取り逃がしてしまい、岩に激突して死んでしまいました。その際、彼女は赤ちゃんを産み

落としました。羊飼いはその出来事をひどく哀れに思い、そのライオンの赤ん坊を取り上げると、羊の群れの中に養母を見つけてやりました。こうして、その赤ん坊は羊の群れの中ですくすくと育ちました。やがてその子供は成長し、羊飼いと一緒に牧草地に行くようになりましたが、他の羊同様、僅かな物音にもおびえるのです。その意識は、生まれた時からずっと一緒にいる羊の群れの意識と一体でした。立派な大人のライオンになってからも、羊の性質のままでした。ある日、他のライオンがやって来て、その群れを襲いました。羊たちは恐怖のあまりメーメー鳴き出し、一目散に逃げていきました。群れの中にいたこのライオンもまた恐ろしさのあまり逃げ出しました。別のライオンはあっけにとられて言いました。「何故あのライオンは私を怖がっているんだ。こんなことはあり得ないことだ」。別のライオンはこのライオンを追っかけて、大声で叫びました。「メーメー鳴くのはやめろ！ なんて奇妙な振る舞いなんだ。おまえは自分が誰だかわかっているのか」。すると、そのライオンは「わたしは羊です」と答えました。別のライオンはこのライオンを水辺に連れて行くと、こう言いました。「見るんだ！」そのライオンは、威風堂々としたライオンとしての自分の姿をそこに見たのです。別のライオンは言いました。「私のように吼えてみろ！」言われるがままにこのライオンも吼えたのです。そのとたんにライオンとしての本来の意識を取り戻し、ジャングルへと帰っていったのです。

　これと同様に、「あなた方は本来サッチダーナンダ（絶対的な存在・意識・至福）であり、永遠の実在であり、永遠不滅なるものなのである。そこには病もなく、弱さもなく、不完全さもない。あなたは常に完全であり、光り輝く存在なのである。しかし、あなた方はこの事実をすっかり忘れてしまっており、故に"自分はこの身体である"と常に思い込んでいるのだ」と賢者方は言っているのです。

　子供の時でさえ、あなたは"私"と言います。この"私"は、子供の時も大人になってからも同じ"私"です。しかし、あなたの態度は異なります。あなたの感情も異なります。あなたの夢も異なります。しかしながら、依

第 2 章　アシュターンガ・ヨーガ（八段階のヨーガ）　　107

然として昔と同じ"私"が続いています。あなたは自分が変化していることを感じながらも、一方で変わることのない"私"も感じています。たとえあなたが全責任を担う父親になった後でさえ、あなたは子供だった自分、若者だった自分、結婚した頃の自分と全く同じ自分であることを知っています。あなたがおじいさんになったとしても、「私は子供だったし、少年だったし、結婚し、今や老人になってしまった」ということを知っていますし、それを感じています。しかし、この"私"は常に変わらないままそこにあるのです。そして、この"私"こそが"サッチダーナンダ"（絶対的な存在・意識・至福）なのです。

　あなたの意識に、絶えず"私はこの肉体ではない"と認識させることによって、あなたは粗雑な意識に煩わされることがなくなり、やがて身体の外部から受ける影響に動じなくなります。『バガヴァット・ギーター』において、この状態は"スティタプラギャー"、つまり"真智(真の自己の知識)の確立した人"として描写されています。
　ギャーナ・ヨーガ（知識のヨーガ）において、あなたは、先ず"シュラヴァナ"（聴聞）、次に"マナナ"（聴聞したことについて何度も何度も熟考を重ねること）を実践しなくてはなりません。それから、気を散らす他の一切の想念を断固として排除し、ニディディヤーサナ（深い瞑想）に入っていきます。それによって、あなたの外面的及び内面的性質が浄化されるのです。

　ラージャ・ヨーガにおいては、先ずヤマ（禁戒）において、徳を養うことによって、あなたの行為を浄化します。結果、あなたは美徳を確立し、如何なる悪も為さなくなります。そして、ニヤマ（勧戒）があなたの日常生活を神の方に向けてくれるのです。次に、アーサナ（坐法）の実践を通して、つまり身体を完全に安定した不動の姿勢に保つことによって、五大元素から成り立つこの身体の最奥部分である細胞そのものに、完全にサトヴィックなバイブレーションがもたらされるのです。さらに、プラーナーヤーマ（調気）を通して、生命エネルギーの鞘に進んで行きます。呼吸を

コントロールすることによって、心をコントロールするのです。さらに、プラーナーヤーマの実践によって、サットヴァ性（純質性）を覆い隠しているヴェールが取り払われるのです。

　しかし、厳密な意味でのラージャ・ヨーガは、第五段階であるプラティヤハーラ（制感）から始まります。ここから本格的に心について取り上げます。心はヨーガの最高の果実（結果）に到達するための道具なのです。不純物に満ちた心はヨーガにとっての障害物となりますが、同時に、まさにその同じ心が、純化され、汚れが取り除かれ、その振動機能が抑えられた時、ヨーガの手段となるのです。しかし、そこにおいてさえ心はある程度までは助けになりますが、その後は障害となるということを忘れてはなりません。

　"心を超越すること"がヨーガの目的なのです。ここに大きな凧があったとします。凧はそれ自身では飛ぶことができず、落っこちてしまいます。それを飛ばすためには、それに取り付けるタコ糸が必要です。あなたは僅かに糸を引っ張ります。もし糸がなければ、凧は高く上がることができませんが、凧が大空高く舞い上がった後には、その糸は障害物となります。その時、糸を切ってやると、凧はさらに空高くぐんぐん舞い上がり大気の中にすいこまれていきます。心の場合も同様なのです。始めのうちは、心は上昇するのに役立ちますが、最後には、心を超越しなければならないのです。もしあなたが高いバルコニーに上りたいと思えば、はしごが必要です。しかし、はしごの最上段に着いたら、それを手放さなければなりません。同様に、ヨーギーが修行のある段階に達すると、彼は今や心が障害になっていることに気づきます。心は際限なくいろいろなことに気を散らします。心は様々なことに執着し、それと結合することによって、ある種の精神的な耽溺状態に陥るのです。対象を前にして、あなたは自分はそれらに執着などしていないと思うかもしれませんが、それらがない時、あなたはそれらがなくて困るとか、それらをなつかしく思ったりするはずです。故に、ヨーギーの最初の仕事は、"心を対象から引き離すこと"なのです。何故あなたは外へ出かけるのでしょうか。何故あなたは外に幸せを求める

のでしょうか。それらは真のゴールではないのです。

　あなたは心を対象に向かって動こうとするその傾向性から引き離すために、いかなる方法をも使うことができます。時々、説得という方法を使わなければならないかもしれません。また時には、力づくでそれを阻止しなければならないこともあります。別の時には、プラーナーヤーマの助けを借りなければならないかもしれません。様々な方法を使って、対象に向かおうとする心の傾向性を、完全に潰してしまうよう努力しなければなりません。これが、自分の注意のすべてを、心を諸感覚から引っ込めることに向けるという、第五段階の"プラティヤハーラ"なのです。そのためには、感覚をその対象物から引き離さなければなりません。この点において、外界と接触を絶つ必要が生じてくるのです。

　人は何故独居するのでしょうか。そこにおいては、人の目を惹き付けるような対象物がそんなにたくさん存在しないからです。独居によって、対象物に向かおうとする五感の流れを一気に弱めることができるのです。故に、プラティヤハーラ（制感）のためには、ヨーギーは町の真ん中や賑やかな群衆の中に住むべきではありません。心を絶えず対象物の真っ只中に置いておくべきではないのです。後には、あなたは慎重に対象物の中を動き回ってもかまいませんが、プラティヤハーラの実践初期段階においては、世の中から遠ざかることが必要です。結果、心を外の対象物から引き離すことが容易になります。若木を植えた時、それを柵で囲わなくてはなりません。そうしないと、ほんの小さな子羊でさえそれを食べることができます。同様に、ヨーギーとしてまだ未熟でひ弱なうちは、外界との接触を絶って独居することによって、柵をめぐらし防御することが必要なのです。しかし、若木が見事な大木に育ったら、柵はもう必要ありませんし、その大木の周りに象を結びつけることさえ可能になるのです。

　あなたは何故シヴァーナンダ・アシュラムにはこんなにも大勢の人が押し寄せてくるのかと尋ねるかもしれません。ここには際立った特徴がある

のです。ここで我々は"弟子としての道"を選択したのです。"弟子としてあること"を通じて、我々のヨーガのすべては一点に収束し、また方向付けられているのです。我々はグルデヴ・シヴァーナンダの恩寵という絶えざる栄光の下にあるのです。我々は要塞の中にいるのです。悟りを得た聖者の恩寵の下にあるということは、要塞としての役割を果たしてくれるのです。つまり、我々のヨーガはグルによって守られているのです。なぜなら、我々の意識は常にグルデヴの仕事をすることに専念しているからです。あちこちにふらふら出歩くことは許されていませんので、意識があちこちにさ迷うことはありません。プラティヤハーラの段階において保護が必要だという理由はここにあるのです。日々プラティヤハーラの実践を続けるにしたがって、心はだんだんと内に向かう習慣を獲得します。そうなれば、たとえ五感が対象物と接触したとしても、あなたはもはや対象物が五感を惹き付ける力をもたないという経験をし始めるのです。というのは、心はすでに内側に向かい始めているからです。

　心が感覚の対象物と結びつくと、感覚は対象物の方に向かいます。しかし、心があなたの"理想"の上に据えられると、それは心を常に忙しくさせ、誘惑が心を惹き付けることはありません。注意を怠った時だけ、感覚が惹き付けられることがあるかもしれませんが、通常、諸感覚は各々の対象物にそんなに刺激されることはもはやありません。その状態においては、物事が五感に影響を与えたとしても、五感はそれらを心に伝えません。故に、プラティヤハーラ（制感）を実践している人が、リシケシの市場に行って、ラジオから聞こえてくるとても感傷的な音楽を耳にしたとしても、彼の耳に音楽は聞こえているかもしれませんが、彼は"心のバックグラウンド"をもっているので、心は歌の意味まで取り入れることはないのです。
　その人は見えているかもしれませんが、見てはいないのです。聞こえているかもしれませんが、聞いてはいないのです。触れているかもしれませんが、感じてはいないのです。このように、心と諸感覚との結合は、次第に切り離されていくのです。その時、心には、心が憩うことができる"心のバックグラウンド"が与えられているので、心はそれ自身の中に留まっ

ているのです。その"心のバックグラウンド"が、あなたの"理想"なのです。それは一連の理念でもいいし、あなたがそうなろうとしている人生の模範でもいいし、あるいはあなたがそうなりたいと願っている理想の人物像でもいいのです。このように、心に与えられた"心のバックグラウンド"というものが、心を内側に向けさせ、五感がその対象物に向かって動いていこうとする衝動を失わせるのです。"プラティヤハーラ"が達成されると、次の段階である"ダーラナー"（集中）への準備が整うのです。

　心を固定する前に、先ずそれを他の対象物から引き離し、一ヶ所に集めなければなりません。心を集めるという、この予備過程を"プラティヤハーラ"といいます。心の光線は集められ、一つに束ねられるのです。そして、次の段階である"ダーラナー"は、この外界から撤退した心を、瞑想の対象の上に堅固に固定することなのです。
　さて、いよいよヨーガの本質に入ってきました。ヨーガとは、"集中"と"瞑想"を意味します。それを通してのみ、あなたは超意識に達することができるのです。
　では、"集中"における障害とは何でしょうか。あなたが心を一つの対象に固定しようとする時、心はどういう反応を示すのでしょうか。次に、これらについて考えてみましょう。

（6） ダーラナー（集中）

集中の実践

"集中"は、粘り強い不屈の努力の問題なのです。それは一日で達せられるようなものではありませんし、一晩のうちにすぐに結果がでるようなプロセスではないのです。初めのうちは、まったくもって面白味もなく辛い道のりです。というのは、心の性質そのものが散漫で、様々なものの間で揺れ動くからです。一つの物事から別の物事へと振り子のように揺れ動くのは、まさに心の性質そのものなのです。心は一時もじっとしていることがなく、まるでバッタのようです。心は常に外に向かって動きます。今やあなたは、そんな心の自然の在り方そのものを変えようと決意し、心を縛り付けて瞑想の対象の上に据えようとしているのです。当然、心はそれを恐ろしい束縛だと感じ、それに従うことを嫌がります。ここで修行者には強靭な粘り強さが要求されるのです。修行者は究極的に自分を永遠なる幸福へと導いてくれる輝かしい結果を胸に、常に奮闘しなければならないのです。

人は「悟りという究極の本質は体験できるんだ」という信念において、それを完全に確信し、それに揺るぎない時にのみ、この困難極まりない無味乾燥な集中の過程を乗り越えていけるのです。さもなければ、この"集中"の段階にきて、自分が全く何の進歩もしていないとわかった時、つまり来る日も来る日も何ヶ月も何年にもわたって実践を続けてきたのに、依然として何の進歩もみられない時、きっと嫌気がさすことでしょう。故に、経験豊かな霊性の師たちは、集中のこの無味乾燥な過程ができるだけ興味深いものとなるように、また心がやる気を失ってしまった時には、様々な方策を用いて修行者たちを導いてくれるのです。

もしあなたが自分の理想の上に集中することに飽きたら、よろしい、それを止めなさい。その代わりに、あなたを一番喜ばせるもののことを考えなさい。例えば、美しい花とか、今まで見た風景の中であなたを最も喜ば

せてくれた景色とか、最も心地よくて心が自然に惹き付けられるようなものの上に心を留めなさい。その時、心はじっとしています。要するに、これは心の訓練の問題なのです。修行者にとって、集中のこの味気ない過程が少しでも面白く魅力あるものとなるよう、様々な方法が工夫されなければならないのです。もしどうしても心が集中しようとしない時は、それを止めて、聖典を読んだり、キールタン（神の賛歌）を歌ったりしなさい。そして、再び気分が戻ってきたら、集中を再開しなさい。

常に頭を使い、集中ができるだけ楽しく興味深いものとなるよう工夫しなければならないのです。この点に関しては、あなた方のバーバ（神への思い）に頼るしかありません。バクタ（神を深く信愛する者）はこのバーバにおいて有利ですが、ラージャ・ヨーギー（ラージャ・ヨーガを行ずる者）はこの利点を持ち合わせていません。バクタにとって、集中は常に楽しいものなのです。というのは、自分の愛しい神のことを想うことは喜びだからです。一方、ヴェーダーンティン（ヴェーダーンタ哲学徒）は、「私は至福であり、言語を絶する喜びである」といったような霊感の高まりを呼び起こさなければならないのです。そして、自分自身をこのような崇高さで満たそうとするのです。

しかしながら、これらすべての努力にもかかわらず、心はコントロールすることが難しいのです。ある音に集中したり、プラナヴァ（聖音オーム）を繰り返し唱えたり、マントラ（真言）に集中しようとしたり等、心が決して集中をやめないように様々な方法が与えられているのです。にもかかわらず、時々集中することにうんざりするのです。そこで、あなたは集中をいつやめるべきかということを知らなければならないのです。心がそれを嫌がっている時は、集中をやめるべきではありません。知的にかつ鋭く、心の受容能力についてよく見極め、定期的にチェックしなければなりません。心が気まぐれにあなたを脇道に逸らそうとしているのに気づいたら、心に集中を続けるよう強いるべきです。しかし、心がすでに能力の限界に達しており、これ以上強制することは無理だと思ったら、その時は別のや

り方を用いなくてはなりません。これは一種の、日々の試行錯誤なのです。そのつど、あなたは自分の心の状態をチェックし、心が生き生きとしてクリヤーな状態か、それとも疲れきっているのかを把握していなければなりません。集中の実践は、常に常識と識別力によって統御されなければならないのです。そして、集中における進歩は、"アビヤーサ"（不断の努力精進、反復実践）を通してのみ、達成することができるのです。

　これと平行して、集中をより堅固なものとし成功に導くために、助けとなるいくつかの予防策というものがあります。では、その予防策とは何でしょうか。

ヴァイラーギャ（離欲、無執着）

　ある人々は、もし彼らが集中しようとすると、心があちこちに動き回ることを発見します。そして、「集中することができません」と言うのです。その時、自分自身に問うてみるべきです。「何故心は逃げ出すのか」「心はどこへ走っていくのか」と。それらを見つけ出すことはとても難しいことです。それは潜在意識下で妨害があるからです。もしあなたが、「何故」あるいは「どこへ」と問えば、ある想念がやってきて心の邪魔をします。これらの想念とは何でしょうか。それはある人についての想念だったり、ある経験についての想念だったり、過去の記憶にまつわる想念だったりします。それらは常に対象、つまり外の世界やそこでの経験と結びついているのです。もしあなたが「何故」「どこへ」についてさらに究明しようとすると、心はこれらの回路に逃げ込み、執着しているものや欲望の対象へと向かうのです。これらの欲望は潜在意識下にあるので、あなたはそれを自覚していないかもしれませんし、その存在さえも知らないかもしれません。

　分析によって、心は常にその人が執着しているものに向かって逃げ出すことが明らかにされています。執着は欲望と同じです。執着と欲望は手を取り合って進んでいきます。執着のあるところに、その対象への欲望があります。最終的に"集中"は"欲望と執着"によって邪魔されることが明らかになっています。それはまた、"執着と嫌悪"（好き嫌い）を意味す

るのです。あなたは好きなものや執着している対象について考えるか、あるいは好きではない対象について考えるかのどちらかです。執着と嫌悪はともに問題の根本的な原因であり、それは"ヴァイラーギャの欠如"を意味するのです。

　もしあなたがヴァイラーギャを確立していなければ、心は執着している様々なものに固執します。故に、集中の最大の敵はヴァイラーギャの欠如であるということを理解しなければなりません。クリシュナ神はアルジュナにこう言いました。「心をコントロールすることはほとんど不可能である。それは確かに非常に難しい。しかし、アビャーサとヴァイラーギャを確立することによって、それは可能となる」。故に、あなたはヴァイラーギャを養わなければならないのです。欲望と執着を捨てなさい。ヴァイラーギャはあなたの防衛手段であり、それはヨーガの修行を裏から支えてくれるものなのです。たゆまぬ努力によって、あなたは完全なるヴァイラーギャの状態を堅持し続けられるよう常に心がけなければなりません。ヴァイラーギャは、絶えず識別力を働かせることによってもたらされるのです。
　一日24時間を通して、常に識別力を働かせ続けなければなりません。識別し続けることによってのみ、人は物事の本質を知ることができるのです。識別力がないところに欲望は生まれ、心はあちこち走り回るのです。もちろん、集中もうまくいきません。このように心がかき乱されることの原因は、欲望とヴァイラーギャの欠如にあるのです。故に、ラージャ・ヨーガの第六段階である"集中"においては、霊性の修行の指針となる"アビャーサ"と"ヴァイラーギャ"の二つを常に心に留めておかなくてはなりません。この二つは、集中を成功させようと奮闘しているヨーギーが常に肝に銘じ、人生において実践しなければならない一対のスローガンなのです。

　では、集中の助けとなるその他のものとは何でしょうか。集中は主に心と関係していますが、心はプラーナ（生命エネルギー）とも関係しており、プラーナは身体と関係しているということがわかっています。従って、究

極的に、心は人の活動的な生活全般にわたって関係していると言えます。ここから、我々はある偉大な原則を導き出すことができるのです。そして、それは私たちに集中についての貴重な導きとヒントを与えてくれるのです。

独居とサトヴィックな食事

あなたがヨーギーになろうとしている時、できるだけ心がけなければならないことの一つは、外界との接触を避けることです。日常生活において、ヨーガの精神に反するような、すべての接触を避けるよう努力しなければなりません。例えば、心を外に向かわせたり、欲望を刺激するような場所や人、環境、物事などです。このような性質を有するもの、我々を感覚的快楽の世界に溺れさせるもの、ヴァイラーギャを揺るがせるようなもの、これらすべては避けなければなりません。故に、ヨーギーが"集中"の段階にきた時、賢者は言います。「新聞や小説を読んではならない。世俗的な人との接触は止めなさい。誰にも執着してはならない。霊感を与えてくれるような景色の中に住みなさい。理想的な環境の中で、理想的な人生を送り、神聖なる人々と交わりなさい。常に高徳の人々や真の修行者たちと付き合いなさい」。

もしあなたが世俗的な心をもった人々といつも付き合っていたら、どんなことが起こるでしょうか。彼らは完全にあなたの霊的生活を堕落させることでしょう。故に、もしあなたが真剣に集中や瞑想に取り組んでいるなら、あなたの外的な生活もまた、あなたの内的サダナ（霊的修行）にできるだけ呼応したものとならなければならないということを理解すべきです。

食べ物もその一つです。

もしあなたがとてもラジャシックあるいはタマシックな食べ物を好んでいるとします。それは完全にあなたの心の調和を乱し、集中のプロセスに影響を与えることでしょう。最も有害な習慣は飲酒です。人は飲酒の習慣の中にありながら、同時に集中することを欲します。それでどうして成功

第2章　アシュターンガ・ヨーガ（八段階のヨーガ）

など得られるでしょうか。お酒の影響は道徳的に堕落することであり、一方、ヨーガの目的は自分の全人格を完全にコントロールすることなのです。

　飲酒と完全にコントロールされた生活との中間には、飲酒ほどには心に悪影響を与えないけれども、それらの累積的影響は一杯のお酒と同じぐらいの害はあるという、たくさんの事柄があります。もしあなたがサトヴィックでもなく集中の助けにもならない食べ物をずっと食べ続けたとしたら、どうなるでしょうか。やはり心は妨害されることになります。故に、食事はサトヴィックなものであるべきなのです。これはごくあたりまえのルールなのです。

　サトヴィックな質の食事は、ヨーガにとって常に最も助けとなります。それは毎日のことであるという観点からしても、日々の食事は集中を乱すようなものであってはならないということを理解すべきです。集中を台無しにする食事の一般的な原因は、食べ過ぎと節制を欠くことです。もし食べ過ぎてお腹がいっぱいだと、全血液はお腹の方に集まります。しかし、集中においては、全血液は脳の方に行かなければならないのです。なぜなら、集中は大量の血液を必要とするからです。安定した坐法で座ることによって、脳への最大限の血液の供給が可能となるのです。しかし、もしあなたが食べ過ぎると血液はお腹の方へ行ってしまい、それでも無理に血液を脳の方へ引き上げようとすると、身体のシステムは反逆し、集中するどころか眠くなってしまうのです。うとうとと眠くなるのは、食べ過ぎの結果なのです。

　たとえ節制は守れたとしても、身体の中に風を引き起こすような質をもつ食べ物があります。風はプラーナを乱すものです。もし身体に風があると、プラーナはバランスを崩されてしまいます。故に、修行者は細心の注意を払わなくてはならないのです。もし修行者が座った時に集中に成功したいという願望をもっているなら、ジャガイモやカボチャなどは避けなければなりません。しかし、もし避けられないならば、それらを適量とることは構いません。また、一般的にそれ自体では風を引き起こさない食べ物

でも、人によってはそれが体内で風を引き起こしてしまうということもあるのです。食事制限にしても、一般的にはいいことだと言われていますが、体質によっては合わないこともあるのです。もしあなたが日々の集中を成功させたいならば、このように毎日の食事の直接的な影響についても考慮しなければならないのです。以上が肉体レベルについてです。

　外的環境や食べ物に注意を払うだけでなく、"心を内側に向ける"ということをしなければなりません。あなたが人々の間で動き回る時、日々の人との係わり合いにおいて、その印象を最小限にとどめるためのテクニックを身に着けなければならないのです。早朝はぐっすりと眠った後なので、心はとても快調です。しかし、日中には非常にたくさんの人と交わり、ある人々に対しては腹の立つこともあるでしょう。そして、その印象によってあなたの心はかき乱され、いらいらさせられっぱなしとなり、恐らく一日の終わりには、心は神経の高ぶった状態にあることでしょう。朝から晩までに起こるこれらすべての出来事は、あなたを悩ませたり苦しめたり心配させたりするのです。では、これらから身を守るためのテクニックとは何でしょうか。人との係わり合いの中に身を置いている時でさえ、あなたは感情的に巻き込まれることなく、心の平静さを保つようこころがけなければなりません。心の穏やかさと落ち着きは、熱心な実践によってのみ養うことができるのです。あなたが如何なる経験をしようとも、常に心を平静に保つよう努力しなさい。

　たとえ対象と接する時でも、その対象の印象が心に深い興味をおこさせないように、ある種のプラティヤハーラ（制感）を実践しなければなりません。それは心が自然に内側に向いている状態です。これは我々が自分の仕事をおろそかにするという意味ではありません。我々の心の一部は、機敏さと即応力をもって仕事に捧げられていなければなりませんが、心の大部分は常に内側に向けられているべきなのです。このように、外側に注意を払いながらも、心は常に内側に留まっているという状態は、絶えず神のことを憶えているために大きな助けとなります。あるいは、オームを唱え

たり、他のどんなマントラの復唱でも、心のバックグラウンドを持つことでもいいのです。あなたの人生の一瞬たりとも、心を遊ばせておいてはならないのです。

ほとんどの人は心が戻るべき"心のバックグラウンド"というものを持っていません。心にバックグラウンドとなるべきものがないと、あらゆる類いの思考がやってきます。故に、修行者は仕事が終わったら直ちに、自分の理想神のイメージという形をとった"心のバックグラウンド"に戻るべきなのです。習慣の力を通じて、心が戻っていくべき場所が"心のバックグラウンド"なのです。その時、どんなことがおこるのでしょうか。たとえあなたが忙しく動き回っている時でも、心は常にこのバックグラウンドに留まっており、心の一部分だけが外で働いているのです。この状態においては、あなたが物事に関わっている時でさえ、あなたはそれによって完全に占領されてしまうということはありません。いったんこのテクニックを身につけてしまえば、日常の活動に携わっている時でも、意識の中で"心のバックグラウンド"は常にそこにあり続けるでしょう。このように"心が内側に向いた状態"は、日常生活において得た印象から心が自由でいるための偉大な助けとなります。

"集中"は、1％の理論と99％の実践の問題です。いかなる読書も講義も、集中においては何の助けにもなりません。助けになるのは日々の実践だけです。集中においてあなたが遭遇する如何なる困難も、実践を通してのみ克服されるのです。最初に問題を解決してから集中に取り組もうと思っている限り、あなたは次から次へと問題の解決に追われ、決して集中に進むことはできないでしょう。集中に成功するためには、"アビャーサ"がキィワードとなるのです。

集中の様々な形
"集中"はヨーガの核心部分の入り口です。どんな祭式であれ、どんな道であれ、すべての宗教的修練は、その究極の目的として、修行者が正し

い瞑想を実践するための技術というものをもっています。いかなる教義であろうとも、霊性の生活についてのいかなる戒律があろうとも、最終的にすべての修行者が徐々に訓練しなければならない中心的な過程は、瞑想なのです。これは言わば"切り離すことと結びつけること"と言えます。つまり、自分の意識を名前と形態から成り立っている現象世界の認識から切り離し、それを究極の実在という内的理想に結びつけることなのです。それは外の世界に対する本能的な知覚から五感のスイッチを切り、達成すべき理想の上に純粋な心のもつ内的な力のスイッチを入れることなのです。これがヨーガの中心過程であり、すべての霊的修行はこれを達成することを目指しているのです。これは究極的な方法であり、これを通して修行者は世俗を超えた領域に入っていかなければならないのです。故に、修行者は、霊的集中の秘訣を、サッドグル（悟りを得た霊性の師）の足元で弟子としての道を歩むことによって、学ばなければならないのです。というのは、霊的修行における"集中"は、他の活動分野における"集中"のやり方とは全く異なっているからです。もちろん、集中はどの分野においても要求されます。集中なくして誰も適切に仕事を成し遂げることはできません。科学者は自分の研究に集中します。画家は自分が描いている絵に深く集中しなければなりません。音楽家は彼の歌に集中しなければなりません。時計職人は極度に神経を研ぎ澄ませて、その仕事に集中しなければなりません。しかし、これらの集中はすべて心のレベルのものであり、それらは常に具現化されます。一方、霊的な集中は完全にこれらとは異なるのです。透視力を開発しようとしているオカルティスト（超自然的な力や現象の信仰者たち）の集中でさえ、粗雑なものです。なぜなら、それは彼らの個人的なエゴ意識に基づいているからです。故に、彼らは"私はこの身体である"という肉体意識を超越することはできないのです。催眠術を習得したいと思っている人々もまた、ある種の集中を実践しますが、そこに霊的な理想はありません。その人が集中している時でさえ、彼の意識は、実際には存在しない、錯覚に基づいた自我を基盤としているのです。

　霊的な集中は、「私はこの身体ではない。私はこの滅び行く世界に属す

る者ではない。私は常に自由であり、常に完全である霊的実在である」と明言することによって、"個人的人格"を否定することを基盤としています。ここにおいて修行者は、自分自身の内的根源に集中しようと試みます。それは完全に内的で霊的なものです。ところが、一般の集中は外的なものに対してなされ、それらは迷妄（実際には存在しないものをあたかも存在するかのように錯覚すること）の領域で実践されるのです。というのは、集中する人の意識は、依然として滅び行く事象の上にあるからです。このような理由により、霊的集中はグル（霊性の師）の傍らで学ばなければならないのです。それはグルが弟子が常に傍にいることを要求するということではありません。最高の霊的意識に達した師にとって、そんなことは必要不可欠なことではないのです。それは間違いなく、修行者にとっての恩恵なのです。しかし、たとえそれが不可能であっても、師は修行者を導くことができるのです。霊的集中は師の指導なくしてなされるべきではありません。そして、あなたは、師があなたに指示した如何なる集中法であっても、それに専念しなければならないのです。

弟子にとっての一般的な実践法は、こうです。瞑想のために座ったら、まず最初に自分のグルの上に瞑想します。あなたの心がグルの上に集められたら、グルの人格をその上に重ねます。もしあなたが無形のブラフマン（究極の実在）に瞑想するヴェーダーンティンならば、あなたのグルの姿の上に瞑想してから、ゆっくりとその形を離れ、超越的な理想に瞑想します。瞑想を開始する時、グルの臨在を感じ、最初にグルの上に集中することは、あなたの瞑想が順調かつ成功するのに大きな助けとなります。

信者にとっての集中の対象は、自分の選んだ神様です。信者たちは普通、彼ら自身のディヤーナ・シュローカをもっています。ディヤーナ・シュローカというのは、祈りに満ちた思いや神の栄光などを謳った詩歌です。それは、あなたの選んだ神様の完全なる御姿をあなたの眼前にありありと思い起こさせてくれるのです。もしあなたがシヴァ神の崇拝者なら、シカの皮、もじゃもじゃの垂れ髪、第三の目などを持つ彼の姿を描写したある特

別のシュローカがあります。同様に、ヴィシュヌ神の場合は、黄色い衣、棍棒、円盤、蓮の花などがシュローカに描写されています。クリシュナ神の場合は、人を魅惑するような微笑や手に持つ横笛などが描写されています。このように、どの神様にもディヤーナ・シュローカとして知られているものがあります。神様の姿に瞑想している信仰修行者にとっての一般的な修行は、先ずディヤーナ・シュローカを繰り返すことです。何度も繰り返すことによって、やがて神様の御姿があなたの心眼の前に現れてきます。次に、グル・マントラ（グルから与えられたマントラ）を唱えます。シヴァ神なら「オームナマシヴァーヤ」、クリシュナ神なら「オームナモーバガヴァテーヴァースデーヴァーヤ」、ヴィシュヌ神なら「オームナモーナーラーヤナーヤ」などです。

　マントラ・ジャパ（マントラを繰り返し唱えること）は、集中のために非常に役立ちます。例えば、マントラをチャンティング（詠唱）しながら、目も眩むほどのまばゆい輝き、無限の安らぎなどといった神の性質に思いを馳せるというものです。マントラは、神聖なる理念をはらんだ言葉です。すべてのマントラは、それらが如何なる形について言及しようとも、究極的には"唯一無二の永遠の実在""無限なる至高の魂"のことを言っているのです。シヴァ神を崇拝することは"人知を超えた至高の実在"を崇拝することなのです。シヴァ神即ち人知を超えた至高の実在なのです。デーヴィ（女神）の崇拝者にとっては、デーヴィ即ち至高の実在なのです。人はそれぞれ生まれつきの性向に従って、ある特定の神を好みます。しかし、それらはすべて常に"たった一つの至高の実在""名前も形もない永遠無限の魂"と同じなのです。故に、たとえ神の御名を唱える時でも、"パラブラフマン""唯一無二の一なるもの""至高の実在"の性質のすべてを引き出すことができるのです。またジャパ（神の名やマントラの反復誦唱）は、あなたの心をあなたの理想の上に固定し続けるための一つの方法ですが、あなたが如何なる神を崇拝しようとも、あなたは"たった一つの神""唯一無二の一なるもの"を崇拝しているのだという点に気づかなければなりません。つまり、クリシュナ神の崇拝であれラーマ神の崇拝であれ、それは"サッチダーナンダ"（絶対的な存在・意識・至福）を崇拝していると

第2章　アシュターンガ・ヨーガ（八段階のヨーガ）　123

いうことです。人はラーマ神を崇拝する時、彼をダシャラタ王の息子とは考えません。人は彼を宇宙の創造者として、維持者として、破壊者として賞賛するのです。たとえ「あなたはダシャラタ王の息子です」と言ったとしても、あなたは同時に「あなたは無数の宇宙の創造者です」と言っているのです。

　あなたが神の御名に集中している時に、もし心がさ迷い始めそうになった時はいつでも、心の中あるいは唇でのジャパのかわりに、声を出すジャパに切り替えるべきです。声を出してマントラを唱えていると、心は再び制御下に入ります。というのは、耳を通しても心は制御されるからです。それにもかかわらず、もし再び心がさ迷い始めたら、あなたは目を開けて、瞑想のために自分の前に置いてある、理想神の姿に集中しなければなりません。もしあなたがヴェーダーンティンなら、自分の前にOMの字形が置いてあることでしょう。その時、あなたは心を固定させるために、目というもう一つの感覚器官の助けを借りることになるのです。瞑想の時、それらは心を縛り付けておくための手段となります。つまり、音を通して、さらには視覚を通して心を理想の上に固定しようと試みるのです。心を神の御姿の様々な部分に何度も移動させなさい。しばらくしたら、声を出して唱えるジャパをやめ、再び心の中でのジャパに切り替えなさい。究極的には、心の中でのジャパの方が効果的ですが、状況によっては、声を出して唱えるジャパの方が心の中のジャパより、もっと大きな助けになることがあります。これらは集中からさ迷い出そうになった心を、再び中心の理想、瞑想の対象に連れ戻すための方法なのです。

　ここで"集中"を成功させるための、さらにいくつかのヒントをあげてみましょう。
　可能な限り、決まった時間に実践することです。これは非常に大きな助けとなります。というのは、森羅万象はある特定のリズムに従うという傾向をもっています。そして、万物はある特定のサイクルに従って動いています。宇宙レベルにおいても個人レベルにおいても、すべては法則に従っ

ています。そこにはある秩序があるのです。季節は規則正しく巡ってきます。人間の様々な成長段階もある秩序に従っています。人の気分もまた時間によって変わります。人は、朝はある気分に支配され、夕方にはまた別の気分になります。内的器官でさえもあるサイクルに従っており、そのサイクルは賢明な習慣によって次第に変化させることができるのです。瞑想においてさえ、心はある法則に従うのです。もしあなたが瞑想の長さを決め、瞑想の時間帯を固定し、それを規則正しく実践するなら、どうなるでしょうか。心はすぐに瞑想的なムードに入ってしまうことでしょう。心は自然に内側に撤退してしまいます。科学者たちはこのことを、物理的な領域において証明してきました。もしあなたが動物たちに、規則正しく、ある決まった時間にベルを鳴らして、餌を与えることを続けるとします。すると、ベルが鳴った瞬間、動物たちの舌に唾液がでるようになります。もし後で餌を与える時間を変更したとします。すると、何日かの間は、動物の舌には、古い時間帯に唾液がでることでしょう。しかし、しばらくすると、彼らは新しい時間帯に慣れてくるのです。

規則正しく、決まった時間に瞑想することによって、心はこの時間帯に容易く瞑想的ムードに入るようになります。時間を固定することによって、集中と瞑想の質が向上するのです。人間の心は神秘的なものです。人の心には好き嫌いがあり、それは常に習慣の力の影響を受けています。もし心にある事柄が積み重ねられると、それは習慣化されていきます。故に、心にこの瞑想的ムードのサイクルを打ち立てるために、決まった時間だけでなく、決まった場所も設定すべきなのです。座る場所をしょっちゅう変えてはいけません。絶えず座る場所を変えていると、心は混乱を感じます。また、座り方も一つの坐法を守るべきです。もちろん、理想的な状況が常にそこにあるわけではありませんが、できる限り人はこれらの理想的な状況を目指すべきなのです。仕事でしょっちゅう外を飛び回っているセールスマンにとっては無理かもしれませんが、先生だとか経営者といった移動のない人々にとっては、瞑想のために決まった場所を確保することは可能です。アーサナ（坐法）の必要性と重要さについてはすでに触れてきまし

第2章 アシュターンガ・ヨーガ（八段階のヨーガ）

たが、瞑想のためには長時間楽に座っていられるアーサナを選ばなくてはならないのです。また、形式的な助けも必要です。あなたが座る場所が、お花やお香によってとても快適に保たれるならば、心は瞑想的ムードに入りやすいでしょう。古来から、寺院など瞑想や内省が行われてきた場所では、常にお香を焚く習慣がありました。デルフィの神託がなされた場所でもやはりその習慣がありましたし、ヒンドゥー教でもお香を絶やすことはありません。一般的に、かぐわしい香りやきれいな花は、すぐに心地よさを感じさせてくれ、心を落ち着けてくれるのです。心はすっと内側に入っていくようになります。これらは集中や瞑想の助けとなる、非常に好ましい補助手段なのです。

さらに、誰も入って来ず、あなたも瞑想の時以外は使わない、独立した瞑想室があれば理想的です。あなたがふだん生活している場所はあなたの思考のバイブレーションでいっぱいなので、もし瞑想のための独立した部屋を確保できれば、その部屋の雰囲気すべてが瞑想のバイブレーションで満たされることになるのです。しかし、鍵のかかる独立した部屋を持つことは、ほんの僅かな人だけに可能なことであり、ほとんどの人にとってそれは不可能なことです。そのような場合は、少なくとも部屋の一角をその目的のためだけにとっておくべきです。そして、そこは瞑想の時以外使わないようにします。

瞑想の座についたら、すぐに瞑想を始めるのではなく、始めはただ静かに座ります。まず最初、心を落ち着けます。あなたの心を掻き乱すような事柄があれば、ただ静かにそれを見守りなさい。それから、思考の流れをある方向へ向けてやるようにします。ある方向とは、心を神の方へ向けることです。この思考の流れの方向づけは人によって違います。人は何が自分の心に神を思い起こさせてくれるかに気づいています。ある人にとっては、指を組み合わせたり合掌することが、彼の心を神の方に向けてくれるかもしれません。またある人にとっては、それはマントラやオームを軽く口ずさむことかもしれません。またある人は、心をただちに神の方に向け

てくれる賛歌をまず歌ってから、瞑想をスタートさせることかもしれません。日々の実践を重ねることによって、心はその影響を受け、あなたは容易く集中ができるようになることでしょう。

　これらに加えて、如何なる言語であっても、精神を高めてくれるような賛歌の詠唱は助けになります。そして、それはいつも同じものでなくてはなりません。一連の手順に従うことによって、心は固定されていくのです。心が混乱し興奮したまま仕事から戻り、いきなり集中しようとしても、心はそれを拒否します。故に、まず初めに、心をそれに相応しい状態にもっていかなければならないのです。

　では、集中にとって最大の妨げとなるものは何でしょうか。それは外の世界です。したがって、瞑想を始める時は、最初に自分自身にこう宣言し、またそう感じるように努力するのです。「宇宙はない、世界もない、無だ。太陽もなければ月もない、まして世間もない」と。あなたの思考から全世界を消し去りなさい。そのとき、そこに何があるでしょうか。何もありません。あなた独りだけです。そして、ゆっくりとあなた自身の人格、頭、顔、手足などを否定していきます。するとどうなるでしょうか。まず、すべての現世意識、すべての現世的思考や世俗的考え方の完全なる消去がもたらされます。そして、完全に無だと感じた時、神だけがある、至高の魂だけがあるという思いがゆっくりと湧き上がってきます。その時、あなたの心はグルによって教えられた神の概念で満たされます。もしあなたが神の信者なら、神と神を瞑想する者だけがいるという思いで心を満たしなさい。もしあなたがヴェーダーンティンなら、無限の存在、計り知れない安らぎ、限りない至福感といった、たった一つの広大無辺な広がりだけがあると感じなさい。安らぎだけがあります。他には何もありません。あなたの心をあなたの実在の概念で満たしなさい。
　これら二つのプロセスは強力な助けとなります。即ち、まず世界という観念も自分の人格さえも否定します。次に至高の実在の存在だけを積極的に肯定します。これらを実践すればするほど、より容易く瞑想的ムードに

第2章　アシュターンガ・ヨーガ（八段階のヨーガ）

入りやすくなります。世界についての思考が一切なくなり、意識のすべてが実在についてのたった一つの究極的思考で満たされるのです。その時、瞑想がスタートするのです。

　人は瞑想において様々な障害に出くわします。瞑想にとっての最大の敵は、眠ってしまうことです。二番目の恐ろしい敵は、妄想にふけることです。自分では瞑想しているつもりでいても、その時あなたは違う世界へ行ってしまっているのです。つまり、妄想の世界に入り込んでしまっているのです。それの最も不思議なことは、あれやこれやの妄想をしている時、あなたはそれに気づいていないということです。そして、瞑想から出てきた時、自分が実際にしていたことを知ってショックを受けるのです。妄想の背後にあるものは、自分さえも気づいていない隠された欲望なのです。それらはあなたが代償の満足を得るために、そのような心象映像を見せてくれているのです。なぜなら、あなたはある種の楽しみは霊性の道に反していることを知っているからです。故に、意識の助けが撤退してしまった時、それらは入り込んでくるのです。

　野心は瞑想において非常に人を苦しめます。もしあなたがたくさんの弟子をもつ偉大なヨーギーになりたいと思っているなら、その野心は大きな害を及ぼすことでしょう。野心と欲望は、霊性の道における二大障害です。瞑想の領域において、この二つは、それらを寄せつけないよう細心の注意を払っていない修行者を破壊します。修行の進んだ段階においてさえ、偉大になりたいという野心と抑圧してきた欲望というこれら二つが、あなたの瞑想を台無しにしてしまいます。故に、これらに対して、常に油断無く目を光らせ、警戒を怠ってはならないのです。それらは様々な方法によって克服されなければなりません。最も顕著な方法は、"神に祈ること""心からグルに帰依すること""神の御名を唱えること"です。神の御名は、瞑想やヨーガという内部に向かう道において、修行者を阻むあらゆる障害や影響力を打ち返し、最終的には破壊してしまう、強力な霊的力なのです。しかし、神の御名の力は、人がそれへの深い信念を持ち、忍耐強く実践し

続けない限り、容易には理解することはできません。神の御名のもつ力を目覚めさせる方法は、適切なバーバ（神に対する心的態度）を通してです。あなたが神への深い帰依の心と絶対的な信頼をもって御名を唱えれば唱えるほど、その力はますます引き出されるのです。そして、ついに御名に隠された力が完全に目覚める時が来るのです。それまでは、御名の力は潜在的な形で眠っているだけです。しかし、絶えざる御名の繰り返しによって、この力（マントラ・チャイタニヤ）が目覚めるのです。ちょうど原子が分裂することによって莫大なエネルギーが放出されるように、神の御名によって解放されるエネルギーは、その100万倍以上なのです。神の御名の唱名は常に深い帰依心と結びついていなければなりません。これらは偉大な助けであると同時に、集中や瞑想に成功するために必要不可欠なものなのです。

（7）ディヤーナ（瞑想）

　もしあなたが集中したければ、あちこちに散乱した心を対象物から引き離さなければなりません。あなたが心を対象物から引き戻さない限り、集中することはできません。集中の準備として、心を内側に引っ込めることは不可欠なのです。いったん心の光線を集めてしまえば、集中を試みることは可能になります。集中が継続的ではなく途切れがちである限り、あなたはそれを達成するために全力を尽くさなければなりません。そのためには、忍耐と信念、とりわけ常識が要求されます。ちょうどあなたの心があなたを欺こうとするように、あなたもあなたの心を欺かなければなりません。そして、心があなたを騙すために様々な策略をめぐらすように、あなたもまた心を連れ戻すために対抗策を講じなくてはならないのです。

　心には対象と結合したがるという側面と、どれが適切でどれが適切でないのか、また何が永続するもので何がそうではないのかを知ろうとするもう一つの側面があります。これを識別力といいます。この心は「何のために私はここにいるのか」「世界という対象の本質とは何なのか」「達成すべき真のゴールとは何か」と探求し続けます。この探求と結びついた心は、もう一方の五感の対象物に惹き付けられる心に逆らいます。このように、肉体的快楽を満足させようとする心と識別力を働かせようとする心との間には常に葛藤があるのです。

　神の御名を唱えること、神を崇拝すること、グルにすべてを明け渡すこと（委ねること）、敬虔な人々との交わりを保つことなど、これら様々な手段を通して、あなたの心の純粋さが増すにつれて、ますます成功に近づくことでしょう。あらゆる心の気まぐれが静まった時、心はたった一つの瞑想の対象の上に、不断の流れとして長時間継続的に固定されることでしょう。途切れることなく、心を瞑想の対象に留めておくことができた時、あなたは第七段階であるディヤーナ（瞑想）に到達します。「プラティヤハーラ（制感）、ダーラナー（集中）、ディヤーナ」は、ひとまとまりのプロセスにおける三つの連続的な段階なのです。あなたは心をたくさんの対

象に固定することはできません。故に、心があちこちに散乱している時、それらから心を引き離さなければなりません。この心の分散状態が取り除かれた時、あなたは瞑想の段階に到達するのです。このように、瞑想の段階に達するまで、様々な段階を通じて、心を鍛錬していかなければならないのです。

　もしあなたの心が完全に浄化され、あなたが自己統御の状態を確立し、あなたの性質がサトヴィックになった時、瞑想のプロセスは難しくありません。あなたはただ実践を強化するだけでいいのです。そして、そのプロセスは順調に進んでいくことでしょう。しかし、これは非常に理想的なケースで、大多数の人の場合はどうでしょうか。今の修行者は、本を読むとすぐに瞑想を始めます。実のところ、ディヤーナ（瞑想）は修行の最終段階なのです。そして、それは天の王国のまさに入り口なのです。もしあなたがいきなり頂上にジャンプしたいと思っても、それは全く無理な話だということがわかるでしょう。瞑想のために座っても、あなたはただ妄想の世界に入り込んでいるだけなのです。自分のしていることさえよくわかっていないのです。そして、突然目が覚め、自分が妄想にふけっていたことに気づくのです。何故こんなことが起こるのでしょうか。あなたの心の中には非常にたくさんの渇望や執着があります。心は不純物だらけなのです。そこにはサットヴァ（純質）のかけらもありません。故に、瞑想のために座った時、低次の心だけが活発になるのです。実際の瞑想は、あなたが肉体を超越した時にのみ達成されるのです。あなたが肉体意識を超越しない限り、真の瞑想が起こることはないのです。

　瞑想に必要な資質は、純粋さと冷静さに満ちた心です。そのような心だけが、瞑想可能なのです。しかし、修行の初期段階においては、清らかな心というものはほとんど見られません。あなたが様々な執着を抱えている限り、進歩することはないのです。どんなに小さな障害でも、直ちにあなたの心を乱すことでしょう。そのような混乱した心で瞑想室に入っても、ただそれらを再現するだけなのです。一日の出来事が心に浮かんでくるだ

けで、実のところ瞑想ではないのです。私たちはとても密接に肉体と結びついており、心と肉体の結合が緩められることはありませんでした。しかしながら、それはあなたが高い境地に達するまで瞑想を始めてはいけないという意味ではありません。あなたは常に適切なバランスのとれた見方ができなければなりません。自分がすべき最も大切なことは何なのかを知らなければなりません。確かに最も大切なことは瞑想ですが、初期の段階ではそうではないのです。初期の段階における、あなたの最も大切な仕事は自己コントロールや徳を養うことなのです。

　大学入試に合格しなければ、あなたは大学生になることはできません。学士が終了しなければ、修士になることはできません。最初は大学入試、次に学士、修士、それからやっと博士になれるのです。同様に、霊性の生活においても、人々はヨーガの本を読み、瞑想は非常な安らぎを与えてくれることを知ると、自分はそのすべてをマスターできると考えます。彼らは、「瞑想は魅力的な人柄を育んでくれ、すべてを与えてくれる唯一のものだ。私はすぐに瞑想を始めなければならない」と言います。それは自然のことですが、あなたは自分が瞑想に適するようになる前に、満たさなければならない条件があるということを理解しなければなりません。まず初めに、あなたは人格を完成させなければなりません。もしそれをせずして瞑想をしようとするなら、あなたがそれに費やした時間は無駄になることでしょう。あなたは眠りに陥ってしまいます。瞑想状態にある時、覚醒を保つことは、ヨーギーの最も超人的な作業です。たいていの場合、タマス・グナ（暗質）がやって来て、眠気が襲ってくるか、あるいは妄想に陥ってしまうかのどちらかでしょう。

　故に、ヨーガの道を進んでいく時は、10分か15分ぐらいの瞑想から始めなさい。そして、神の名を唱えるとか聖典を読むといったような準備段階にすべての重きを置きなさい。というのは、これらはあなたの感覚器官と行動を通して為されるので、あなたの意識を健全に保ってくれるからです。また、これらはあなたの心を浄化するためにも必要です。この実践を続けながら、次第に瞑想の時間を増やしていくのです。

心がまだ浄化されていない初期段階においては、通過しなければならないヨーガの最初の段階に、適切な重きを置かなければなりません。そうでなければ、あなたは瞑想に成功することができないでしょう。あなたがまだ肉体に縛られている間は、あなたの身体の状態のすべてが心に影響を及ぼすので、あなたは常識と知恵を用いなければなりません。ある聖者は、「マントラやヤントラ（瞑想の時に用いる幾何学的図形）だけでなく、タントラもだ」と言いました。タントラとは、鋭い診断や駆け引きを意味するのです。あなたは何が障害となっているのかを見つけ出し、それを克服しなければなりません。

　消化不良の時、瞑想はできません。病気を治すのに、瞑想を使うことはできません。あなたは医者のところへ行って、消化を助ける薬をもらってこなければなりません。また、もしあなたが疲れ過ぎていたら、その時も集中することはできません。あなたは少しやすまなくてはなりません。常識があなたに、30分ぐらいリラックスするよう教えてくれることでしょう。もしあなたが身体の中に風を引き起こす食べ物や、食べ合わせの悪い食品を食べたとします。胃にある風のために、瞑想することはできません。様々な食品が各々の人の中に風を作り出すので、あなたは自分にあった食べ物を選択しなければなりません。

　また、人は時々落ち込むこともあるかもしれません。他人との衝突で落ち込んだり、失望が落ち込みを引き起こしたりします。過去のサムスカーラ（残存印象）のために、朝、憂鬱な気分で目覚めることもあります。もしあなたが落ち込んでいるようなら、心は瞑想することができません。その時は、キールタン（神の賛歌）を歌うか、長い散歩をしなさい。戸外での長い散歩は、あなたを元気にしてくれる素晴らしい方法です。あるいは、楽しい読み物を読むか、気持ちのいい庭や公園に行きなさい。落ち込んだ気分を取り除くために、知性的な方法を用いるのです。もし身体のどこかに痛みがあったら、やはり瞑想することはできません。マッサージか温湿布をして、痛みを取り除きなさい。なぜ私がこんなことを言うのかといえば、大多数の人にとっては、身体の状態が心に直接影響を及ぼすからです。そして、もしこれらの状態が続けば、心は瞑想から撤退してしまうからで

す。

　もし瞑想ができれば、あなたは身体のことを忘れます。その時これらすべてのことを心配する必要はなくなります。その段階に達するまで、あなたはこれらすべてに注意を払わなければならないのです。最善の方法は、これらすべての障害を避けることです。瞑想の前にはエネルギーを使い過ぎないように注意しなさい。自分に合わない食べ物は避けなさい。疲労しすぎたり、落ち込んだり、また身体の痛みが起こらないように気をつけなさい。心が穏やかで澄んでいないと、瞑想することはできません。故に、常に、むらのない精神状態、落ち着いた気持ちが保たれなくてはなりません。ヴァイラーギャ（離欲、無執着）は最も大切なことです。ヴァイラーギャがそこにない限り、人を惑わす執着心が心のバランスを奪い去ってしまいます。故に、欲望、情欲、怒りなどは取り除かれなくてはならないのです。それらは一年で克服できるようなものではありません。ひょっとしたら、十年かかっても無理かもしれません。しかし、決してその努力をやめてはいけないのです。

　修行者に要求される粘り強さの見本が、非常に美しい言い回しで、ウパニシャッドに示されています。海辺に住んでいた小さな鳥は、潮の流れが巣を押し流そうとしているのに気がつきました。そこで、この小さな鳥は、草の葉でこの大海を空っぽにしようと決心しました。そこへ賢者が通りかかりました。彼は海の水を空にしようとしているこの風変わりな小鳥を見ると「この小鳥の勇気を見よ！　海の水を空っぽにしようとしている小鳥のくちばしに較べて、この大海のなんと巨大なことか！　たとえ未来永劫、努力し続けたとしても、海の水を空にすることはできないだろう。しかし、この小鳥の心意気を見てみよ！　このように、霊的修行の取り組みも、幾世にも渡って続けられなければならないのだ。あなたは決意しなければならない。『私は、如何なる犠牲をはらっても努力し続けるぞ。結果などは気にかけない』と」。たとえ心に抱くほんの僅かな善い思い一つであったとしても、たった一度の神の名のチャンティングであったとしても、たっ

た一度だけ真理に忠実であったとしても、霊性の道において一度だけの努力であったとしても、これらすべては蓄積され、積み重ねられた努力として、ついには直感の目が開かれるのです。積み重ねられた努力は目には見えませんし、その人自身も自分ではそれを知ることはできません。しかし覚者だけはその人の中に起こっている変容を知ることができるのです。故に、あなたはダイヤモンドのように忍耐強くあらねばならないのです。

日々努力を続けるにつれて、すべての障害は克服され、あなたは物質界の暴虐を超え、さらには精神界のそれをも超えていきます。そして、より高次の心が現れ始め、清浄心が確立された時、たとえほんの少しの瞑想でさえ、あなたに巨大な霊的パワーを与えてくれるのです。そして、瞑想が進むにつれて、それは深まり、ラージャ・ヨーガ（瞑想のヨーガ）の第八段階、つまり最終段階に進むための準備が整うのです。それは超自然的な人知を超えた状態であり、"サマーディ"（三昧）という専門用語で呼ばれています。

心とそのコントロールについてのさらにいくつかの事実
心の性質とその反応についてのさらにいくつかの重要な側面と、心への支配力をゆっくりと獲得し、それを段階的に集中にふさわしいものへとしていくためのいくつかの効果的な方法について考えてみましょう。

心の性質について、まず私たちが理解しなければならないことは、「心は習慣の産物である」ということです。心は常に、習慣的思考によって心に与えられたいかなる形にも従います。繰り返し心に抱かれた思考は何であれ、心の自然な状態の一部になります。故に、心に対して完璧な支配力を獲得しようとしている真剣な修行者は、この法則を決して忘れてはなりません。心のもつこの独特な性質の影響について、さらに詳しく説明してみましょう。

もし学生が医師の資格を取得しようとする時、まず医科大学で六年間学

第2章 アシュターンガ・ヨーガ（八段階のヨーガ）

び、それから心のすべてを疾病や医薬品や治療法について常に考えるよう仕向けていきます。自動的に、彼の潜在意識は、医学についての思考や患者についての思考でいっぱいになっていきます。そして、これらの思考のすべては繰り返し繰り返しやってきます。次第に他の事について考える余地がなくなり、ますます医学の専門について考えることに傾倒していくことでしょう。では、弁護士の場合はどうでしょうか。犯罪や民間の争議、法律の適用、裁判、判決などに関連した思考で飽和状態の心がある期間連続的に続いたら、どうなるでしょうか。心には常にこれらの主題についてのみ考えるという習慣が身につきます。深い悲しみや悲嘆、犯罪について考えることが癖になります。工学やその他の専門職の場合も同様です。技術者の心は常に数学に専念し、彼の人生は方向づけられ、彼は技術者的な考え方をするようになります。たとえ彼が専門以外のことについて考えたとしても、あまり効果は上がりません。また、もし医者が修行者でもあった場合、彼が瞑想のために座ったとしても、いつも病院や患者などと結びついた思考がやって来ては彼の注意を逸らすことでしょう。実業家がヨーガに集中しようとすると、儲けや損失、市場の動きなどが常に気になり彼を掻き乱すことでしょう。

　以上述べたような事柄が、どうしたら心を支配し集中に成功できるかについてのある手がかりを与えてくれます。その手がかりとは一体何でしょうか。それは、あなたが多忙な社会生活を送っている時でも、普段の仕事をしている時でも、常に自分が瞑想しようとしている対象についての思考で、あなたの心を満たすよう努力しなければならないということです。あなたがバクタ（神を深く信愛する者）だと仮定しましょう。バクタが心のコントロール力を得て、ラーマ神やクリシュナ神、シヴァ神、女神、イエス・キリスト、アッラーといったような彼の理想神の上に集中する道において進歩を遂げるための方法は、「"アビャーサ"を瞑想の時間だけに限定すべきではない」ということです。あなたが瞑想のために朝と晩座るとしましょう。一日を通して、あなたは底流に瞑想の対象についての思考を維持しなければならないのです。バクタはラーマ神やクリシュナ神、あるい

は自分の理想神について、絶えず思いを馳せています。もしあなたがキリスト教徒なら、常にイエスのことを思いなさい。あなたは一日の如何なる時でも、決して彼を忘れるべきではありません。あなたの理想神への思いが持続されなければならない祈りの時だけでなく、それは人との係わり合いの中でも常に保たれていなければならないのです。瞑想の流れを決して途切れさせてはならないのです。多忙な生活の中でさえ、その流れは維持されなくてはなりません。それは瞑想の時ほど活性化した深いものではないかもしれませんが、それでもそれは維持され、継続されなければならないのです。

あなたはテセウスの話を知っていると思います。彼は怪物の住む迷宮に行き、それを退治して戻ってこなければなりませんでした。その迷宮は、いったんそこへ入ったものは二度と帰ってこられないようなところでした。彼の友人は、彼に糸玉を渡し、こう言いました。「怪物のいる迷宮の心臓部へ行け。中に入ったら、この糸を解き続けよ。もしおまえが入り口との繋がりをなくしてしまったら、そこから戻ってくるのは絶対に不可能だ」。彼は友人のアドバイスに従い、怪物を退治した後、無事に戻ってくることができたのです。

このように、集中の一筋の流れは常に保たれていなくてはならないのです。朝、集中をしたら、その流れは持続します。昼、再び集中のために座ると、その繋がりは継続します。眠っている時でさえ、潜在意識において瞑想の過程は持続しているのです。このことは、夢を見ている時、瞑想の流れがやってきてあなたの夢の方向を変えることでもわかります。あなたがヨーガの世界に入る以前に、恐ろしい出来事に遭ったとしましょう。恐怖感が襲ってきたら、神のことを思うようにしなさい。以前ほど強くはないにしても、再びその恐怖感がやってくるかもしれません。そして、あなたは突然、夢の中で気づくのです。「神は常に私とともにいる。どうして何かが私を害することができようか」。この勇気は夢の中でさえ経験されるのです。あなたを恐怖でいっぱいにしていた経験は力を失い、やがて消

え去ることでしょう。これは、「サンサーラ（現象世界）の流れは夢の中や眠っている時でさえ失われることはない」という意外な新事実を私たちに示してくれているのです。時々それははっきりと理解できる形で現れます。目覚めている状態、夢を見ている状態、眠っている状態、これらすべての状態を通じてのこの瞑想の流れの連続性は、瞑想との繋がりを保持してくれるのです。そして、心の一部がその通常の機能を果たし続けるのです。このテクニックは、四つのヨーガすべてにおいて完成しています。賢者たちは、このための様々な工夫を我々に与えてきました。ヴェーダンティン（ヴェーダンタ哲学徒）にとっては、この方法は"ブラフマービヤーサ"と呼ばれています。彼らは座ると、無形のブラフマンに瞑想します。さらに、仕事をしている間中もずっと、「我はブラフマンなり！」という意識を持ち続けるのです。これは"ブラフマチンタナ"とも呼ばれます。

　実際の瞑想と、瞑想の精妙な流れを維持することの間には、ほとんど違いはありません。瞑想は強烈で深く、感覚の対象物からの五感の完全撤退を伴います。結果、感覚器官は外に向かって機能せず、あなたは内側に没入しています。一方、この"ブラフマチンタナ"は、五感の完全撤退を伴いません。感覚器官は外界を知覚し、あなたは外の対象物の中を動き回りますが、内的流れが常にそこにあるのです。これはまた、"アートマチンタナ"とも呼ばれています。これは非常に効果的な方法なのです。というのは、これは、「目覚めている時に絶えず心に抱いているものの性質になる」という心の習性と同じ法則がもたらされるからです。私たちが自分の瞑想の対象である理想について絶えず思いを馳せる努力をする時、何がおこるでしょうか。医学生や弁護士や技術者の場合と同じ現象が起こります。あなたが瞑想の座に着いた時、どんな思考がやってくるでしょうか。日中あなたが絶えず思っていたことと同じものがやってくるのです。心は一体何を考えていたのでしょうか。それは瞑想の対象である神のことを思っていたのです。故に、瞑想の実践者は、テクニックとしてこの過程を進展させていかなければならないのです。

バクタ（神を深く信愛する者）は常に神のことを覚えていようとします。これがいわゆる"スマラナ"と呼ばれるものです。彼は心の中で自分の理想神の御名をジャパ（神の名やマントラの反復誦唱）します。もし彼がシヴァ神の信者なら、動き回っていようが何かを聞いていようが、また肉体労働をしていようが頭脳労働をしていようが、「オームナマシヴァーヤ、オームナマシヴァーヤ」の流れは常に内側で続いています。もし彼がラーマ神の信者なら、「シュリラーム」が心の中でずっと続いています。これらは、心が瞑想の対象と同じものに思いを馳せさせるための方法なのです。そして、この習慣は、集中と瞑想を深めようとしているヨーガの実践者にとって、最大の強みとなるものなのです。ジャパに加えて、このスマラナ（絶えずそれを思い続けていること）を利用した他の方法は、すべての上に神を重ね合わせるというものです。彼は、見るもの、聞くもの、味わうものは何でもラーマだと感じることによって、心のすべてをラーマ神への思いで満たすのです。上、下、右、左……すべてはラーマなのです。雲はラーマであり、木々もラーマなのです。彼はすべてにラーマを見るのです。動くものも動かないものも、この世のすべてはラーマなのです。彼はラーマだけをすべての上に重ね合わせるのです。故に、この世のすべてはラーマによって浸透されているのです。

　トゥルシーダースは、彼のアイディアを、対句の中で非常に美しく表現しています。「全世界はただシーターとラーマによって浸透されていることを知っています。故に、私は両手を合わせて何度も何度もあなたの前に額ずきます」。大気の中に、水の中に、呼吸の中に、すべての中に、彼は神を見ていたのです。この教えは、『バガヴァッド・ギーター』の 11 章においても説かれています。神はあらゆるものを超越した存在であると同時に、あらゆるものの中に内在するものでもあります。神の内在性を明らかにした後、神はアルジュナにその宇宙的形相を見せるのです。アルジュナは至る処に万能の大霊だけを見るのです。ただ神のみがあるのです。これが神の宇宙的形相のヴィジョンといわれるものです。これは心を至高の理念で完全に染めてしまう驚くべきテクニックなのです。この実践を辛抱強

第2章 アシュターンガ・ヨーガ（八段階のヨーガ）

くやり続ければ、感覚器官がどこへ動こうとも、それらは決して神から離れることはないのです。それは一体どこへ行くというのでしょうか。それらは神のところへ行くしかないのです。修行者は如何なる対象を見ても、そこに神だけを見るのです。もし目が彼を連れ出したとしても、彼はただそこに神だけを見るのです。もし何かを聞いたとしても、彼はそこに神の御名を聞くだけなのです。感覚器官がどこへ動こうとも、それらは神に向かって動いているだけなのです。故に、彼にとって、五感によって気を散らされることは何もないのです。感覚でさえ、彼と神との接触が途切れないようにさせようとするのです。これは、気を散らすものすべてを完全に消去してしまう、驚くべき方法なのです。というのは、彼は神だけを見、そして彼の外的生活もまた神の意識の連鎖で覆われるからです。シーク教徒もまたナーマ（神の御名）とスマラナ（常に神を覚えていること）を利用します。

　カルマ・ヨーガ（行為のヨーガ）の場合は、心的態度とそれに伴う感情が、この目標に達すること、つまり人が絶えず神の存在を感じることを可能にしてくれるのです。カルマ・ヨーガに見られる基本的な感情の在り方が、自動的にこのテクニックを有しているのです。というのは、人は神を見ることなしに、どうして礼拝することができるでしょうか。
　あなたは神を見ることは果たせないかもしれませんが、もしあなたが神だけを見ようとするなら、何が起こるでしょうか。カルマ・ヨーギーは絶えず神を思うことによって、バクタは神の御名を唱えることによって、ギャーナ・ヨーギーはすべてに遍満するブラフマンを絶えず意識することによって、ラージャ・ヨーギーは常に心を内側に向け続けることによって、心の思考習慣を変化させることができるのです。その時、ラージャ・ヨーギーの集中は何の困難もなくうまくいきます。今やプラティヤハーラ（制感）の習慣が彼の中に揺るぎなく確立しているからです。彼は、心が外界の対象に向かって行くことを許さないという、このテクニックの支配者となったのです。彼が完全にプラティヤハーラを確立した時、集中が始まるのです。このように、プラティヤハーラを確立することによって、ラージャ・

ヨーギーの心は、働いている時でさえ、外の対象に向かって動いて行くことがなくなるのです。何故なら、彼のヴィジョンは変化したからです。彼にとって、外の対象はもはや実体のない影のようなものとなったのです。

ラージャ・ヨーギーにとっての"プラティヤハーラ"、バクタにとっての"ナーマ・スマラナ"（神の御名を憶念）、カルマ・ヨーギーにとっての"あらゆるものの中に神を見る姿勢"、ヴェーダーンティンにとっての"ブラフマチンタナ"（たえずブラフマンを意識する）、これらこそが思考習慣を変化させるためのプロセスなのです。こうして、心の中に新しい思考習慣が作り出されるのです。修行者は古い世俗的な思考習慣の代わりに、新たな常に神に向かう思考習慣を獲得するのです。そして、この習慣が獲得された時、瞑想においてさえ、瞑想を損なうような思考は徐々にその支配力を失うのです。それらは次第に消えていき、まもなく集中の状態に到達するのです。そこにおいて、すべての思考は、集中と瞑想の対象と同じ性質を有するようになるのです。故に、それらが瞑想を妨げる要因となることはもはやありません。それらは集中の度合いを弱めることがあるかもしれませんが、すぐに集中は再びもとの強さを取り戻します。集中がしばらくの間弱くなることはあっても、集中の流れが途切れることは決してないのです。あなたがバクタであろうが、ヴェーダーンティンであろうが、カルマ・ヨーギーであろうが、ラージャ・ヨーギーであろうが、この実践はたゆまず続けられなければならないのです。

執着と嫌悪（好き嫌い）

ラージャ・ヨーギーは、"好き嫌い"こそが最も心を邪魔する感情であると言います。いったんそれらが心に入り込むと、それらは固執し、完全に心のバランスをひっくり返そうとします。それらは憎しみ、怒り、嫉妬、狭量さ、不安などの思いとなって表れます。これらすべては感情と密接に絡み合っているのです。感情と結びついていない純粋な思いは、ヨーガにおいて深刻な障害となることはありません。感情に左右されない思考はあなたを悩ませることはないのです。しかし、感情や気持ちの絡んだ思いは、

単なる理性的な思考よりも、はるかに大きな障害となるのです。感情や気持ちは払いのけようとしても、払いのけることができないからです。あなたが清潔に保っているテーブルに埃や泥などがついたとします。あなたは簡単にそれをきれいにすることができます。雑巾でこすれば、汚れは取れます。しかし、もし蜂蜜をこぼしたとしたら、それはしつこく、いくら拭いても完全には取れません。同様に、理性的な思考は簡単に取り除くことができますが、感情的な思いが絡んだものは、取り除くことがとても難しくなります。たとえ頭では感情や気持ちを取り除きたいと思っていても、心は納得しないのです。恐れ、嫉妬、憎しみ、寛容性のなさなど、これらすべては感情的なものです。そして、これらは簡単には心から出て行かないのです。我々は社会において、常に異なった性質をもつ人々と係わり合いながら生きています。もし誰かがあなたにとって不愉快なことをしたら、あなたはすぐにイライラすることでしょう。またもし苦手な人があなたの目の前にいたら、嫌だなあと思うことでしょう。このように、平等観或いは平常心（好き嫌い、損得、勝ち負け、暑さ寒さなどの相反する対立概念に左右されることなく、それらを超越していること）を確立していない人は、絶えず感情の爆発の餌食となります。私たちは意地悪な人々や霊性の低い人々とも付き合わなければならないこともあるでしょう。その時、我々の心は憎しみや反感、嫌悪感でいっぱいになります。また、自分と同じレベルの人々と交際する時、たとえその人が自分の友達であっても、彼が自分より偉大になってほしくないと思ったりするのです。あなたの心は激しい嫉妬を感じ、そしてこの搔き乱された心は、常に同じであることにこだわるのです。優れた人に対してもまた、違う種類の嫉妬を感じるのです。「何故彼らは自分より優れているのだろう。何故自分は彼らと同じ境遇ではないのだろうか」。このようなものが我々の思いというものです。貧しい人は金持ちを妬むかもしれません。ある人は他の人の優れた知性を羨むかもしれません。また、ある人は他の人を見た時、全く落ち着きを失うかもしれません。「何故自分は彼ほど人気がないのだろうか」と。もしあなたがこれら心の習性の餌食になるなら、あなたは絶えずこれらの感情の間で泣かされ続けることでしょう。

この世には、暑さと寒さ、尊敬と軽蔑など、非常にたくさんの相反する二つの対立概念があります。それ故に、我々は心のバランスを失い、絶えず動揺させられるのです。感情というものは誰もが人生において共通に体験しているものであり、心は常に、あなたの集中を邪魔するような心穏やかでない不快な状態にあるのです。故に、古人たちは、多種多様な人々の間で、社会において、ヨーガの修行者は、如何に行動すべきかという解決法を示してきたのです。あなたがしょっちゅうこの世の悪を見たり聞いたりしているとします。あなたはこう自問自答することでしょう。「何故このような悪い人たちがいるのだろうか」。しかし、それによって、あなたは心のバランスを失うべきではないのです。では、どうしたらいいのでしょうか。自分と同等の人に対しては友情を、自分より下の者や目下の者には思いやりの心をもちなさい。下の者たちといる時は、あなたのハートを使いなさい。彼らは地位や財産や年齢において下かもしれませんが、あなたに思いやりの心があれば、そんなことは気にならなくなるでしょう。自分より優れている人に対しては、穏やかさと明るさをもって接しなさい。彼らが何であっても落ち着いていなさい。彼らと共にあることを喜びなさい。では、相反する対立概念に対してはどんな態度をとったらいいのでしょうか。この世はそれらで満ちています。それらに如何なる注意も払ってはなりません。何故あなたはそんなことを気にかけなければならないのでしょうか。神がすべての面倒をみているのです。故に、あなたがすべきことは、友情と思いやりとそんなことに頓着しない心を養うことです。もしあなたがこれらを実践するならば、その時、心は澄み渡り、憎しみや狭量さや競争心などといった感情は完全に払拭されることでしょう。これが古人が与えた基本的なテクニックなのです。

瞑想のための前提条件

　私たちはこれまで、徳を養うこと、自分を律すること、五感のコントロール、ヴァイラーギャ（離欲、無執着）を確立することなどによって、まず最初に瞑想のための適切な基礎を作ることがどんなに大切かをみてきました。というのは、外界の対象の魅力に負けることは、心が外側に引っ張

られ内側に向かうことを妨げる要因の一つだからです。故に、道徳的完成、自制、ヤマ（禁戒）、ヴァイラーギャといったことが尊重されてきました。これらの準備が適切になされた時にのみ、肉体及び精神はきちんと鍛えられ、浄化されるのです。このような修行者は、自己統御の人、善なる人、欲望を克服した人となるのです。その時、彼にとって、より崇高で精妙な対象の上に心を集中し瞑想することは容易くなります。しかし、これらの準備に注意を払うこともなく、もしいきなり瞑想を始めたとしても、それは苦しい仕事となり、さらに多くのエネルギーを心との果てしない格闘に費やさなければならないでしょう。なぜなら、人間のもつ低次の性質が適切に転換されていないからです。もし無理やりに、あなたに合っていない対象の上に瞑想をしようとすると、深刻な結果を招くことになるでしょう。心はバランスを崩し、鬱状態に陥ったりすることでしょう。というのは、低次の性質がまだそこにあるからです。それはまだ転換されておらず、変容が起こっていないのです。もし全く純粋に決意の力だけで、心に集中や瞑想を強いるなら、どうなるでしょうか。内部において葛藤が起こり、この葛藤がしばしば様々な好ましくない結果をもたらすのです。

　適切な道徳的下地を育んでくることなく、沈黙の行や強引な瞑想をしようとしたりする修行者の多くは、欲望や情欲によって神経システムを衰弱させてしまいます。精神面における適切な調整において乱れがあるので、頭がおかしくなったり、常軌を逸したりするのです。このように、瞑想に対して自分の性質が準備されていないのに、自分自身に瞑想を強いる者は、精神異常をきたしてしまうのです。では、自分が正しいところにいるかどうかを知るためには、どうしたらいいのでしょうか。そのために、常に師のアドバイスを仰ぐことです。人は誰でも自分のことをよく解釈しがちであるというのは、一般的に認められた事実です。誰もが自分は瞑想に適していると思っていますし、また誰もが自分は最も重要な人物であると思っていることも全く自然なことです。しかし、あなたは修行を妨げるこのようなあたりまえの人間的弱さを許すべきではありません。あなたは自分自身を師の足元へ委ねるべきなのです。そして、慎重に瞑想を進めなくては

なりません。大胆かつ細心でありなさい。

　"無私の奉仕"によって、あなたの性質を悪から善に転換させなさい。あなたのハートを浄化するために、絶えず"無私の奉仕"を続けなさい。あらゆる類いの雑用的な奉仕をしなさい。自分の心を浄化するために、修行の一部として奉仕をする人にとって、どんな卑しい奉仕もありません。病人の便器を洗いなさい。荷物運びの人が食事をしている時に、彼らの靴を磨きなさい。その時、自分は神を礼拝しているんだと感じるようにするのです。あなたはまるで神に仕えるように、謙虚さをもって、それをなすべきなのです。このような無私の奉仕によって、次第にエゴは減っていきます。優越感は完璧に捨て去るべきです。そのために、あらゆる種類の奉仕をすべきなのです。自分自身の快適さと都合を犠牲にしなさい。その時にのみ、あなたは献身的行為をなすことができるのです。そして、これらすべてを喜びをもってしなければなりません。このようなことができるのは偉大な特権であると考えるべきなのです。喜びをもって、こう思いなさい。「奉仕するというこのような機会が与えられたことは、偉大な特権である。自分はそれを受けるに値しないが、神の恩寵によって神から与えられた特権である」と。

　あなたは、自分はそれをするのに値しないのに、神の恩寵により、そうすることを許されてきたのだ、という完璧な謙虚さをもって奉仕すべきなのです。あなたは、あなたを呼んで仕事を言いつけてくれる人を待つべきではなく、奉仕する機会を待つべきなのです。このような奉仕によって心は浄化されるのです。そして、浄化された心に集中は自動的に起こるのです。故に、もし瞑想があなたに不都合な影響を及ぼしたり、好ましくない結果を引き起こすようなことがなければ、その時は無私の奉仕を通しての事前の浄化の重要性を過度に強調する必要はありません。修行の進んだ修行者でさえ、心との苦闘はあるのです。しかし、低次の性質が浄化されていない場合は、もっとです。そのような状態で目を閉じても集中にはなりません。それはまったく無駄になってしまうのです。故に、瞑想は浄化された心でのみ臨むべきなのです。

第2章　アシュターンガ・ヨーガ（八段階のヨーガ）

　我々は古の聖賢たちがいかに賢明にこの四つの手段を考え出したかをみてきました。まず最初に、献身的な奉仕によってあなたの性質を浄化します。それは如何なる利己的な欲望もなく、神を礼拝するような態度をもって、なされなければなりません。心が浄化されたら、集中を試みます。形式にのっとった丹念な礼拝を通して、心を安定させます。それから、深い瞑想によって無知のヴェールを突き破り、光明に達するのです。

　浄化のためのカルマ・ヨーガ（行為のヨーガ）、心を安定させるためのバクティ・ヨーガ（信愛のヨーガ）、最終的にあなたの意識を覆っているヴェールが取り除かれるまで、あなたの意識に深く入っていくラージャ・ヨーガ（瞑想のヨーガ）。そして、あなたは悟りを得るのです。ギャーナ・ヨーガ（知識のヨーガ）は究極の悟りなのです。

　常にこれらのことを覚えておきなさい。それは、自己浄化、無私の奉仕、エゴの根絶です。即ち、自己統御とヴァイラーギャに根ざした高潔な生活のことです。

　瞑想においては、その助けとして、集中のための様々な方法が与えられています。私たちは、呼吸のコントロールが二つの意味において、いかに役に立つかということを理解しました。つまり、呼吸と心は相互に関連しあっており、呼吸がコントロールされると、心もまたコントロールされるのです。また、プラーナ（生命エネルギー）がコントロールされると、サットヴァ（純質）が増します。サットヴァは常に集中の助けとなりますが、ラジャス（動質）とタマス（暗質）はそうではありません。このように、プラーナーヤーマ（調気）には、身体をサトヴィックにしてくれ、また心を目標の上にしっかりと固定してくれるという、二重の恩恵があるのです。

　もし集中が単調な方法でなされるなら、やがて嫌気がさしてくることでしょう。故に、多様な方法が試されなければなりません。星に集中したり、月に集中したり、あるいは内的な音に集中したり、また心地のいい色に集中したりしなさい。座って、あなたの前に自分の一番好きな色を思い起こしなさい。ある人は青色かもしれませんし、ある人は赤色かもしれません。

あなたを喜ばせる色なら何でもいいのです。その色であなたの内的意識を満たし、それを堅固に保つのです。バラの香りに集中しようとする人たちもいます。自分がその香りの大海の真ん中にいると感じるようにするのです。また、もっと粗雑で物質的な対象に集中することもできます。ろうそくの炎や壁の一点に集中する人もいます。また、心は内側に保っているのですが、目は開いたままの人もいます。これはシャンバビ・ムドラーといわれています。

　精妙なものへの集中、具体的なものへの集中、抽象的なものへの集中、外的なものへの集中、内的なものへの集中などいろいろあります。このように、多様性を駆使することによって、心に集中の習慣をつけさせることができるのです。そして、時に私たちは子供を扱うように、心を扱わなければなりません。また時には、心に何か楽しみを与えなければなりません。また、心を叱らなければならない時もあります。その時その時の必要に応じて、心を集中させるために最もふさわしい方法を用いなければならないのです。以上が、ディヤーナ（瞑想）を順調に進めていくために、心を集中させ、内部への沈潜を深めていくための幾つかの方法なのです。

（8）サマーディ（三昧）

　たゆみない実践と完璧なるヴァイラーギャ（離欲、無執着）を確立することによって、集中は強められ、深く強烈な没入状態に達した時に、集中はさらに連続的でとぎれのないものとなります。そして、この深く強烈な没入状態が、ラージャ・ヨーガ（瞑想のヨーガ）の第八段階の"サマーディ"と呼ばれるものです。この"サマーディ"という言葉ほど誤解されている言葉もありません。では、"サマーディ"とは一体なんでしょうか。誰でもこの言葉を知っていますが、誰もがこの言葉の意味を間違って理解しているのです。もしあなたがサマーディの本当の意味を知りたければ、サマーディについて知らなければならないことがたくさんあります。

　先ず最初に、「サマーディはラージャ・ヨーガの第八段階である」ということです。つまり、それはヨーガにおける一つの段階にすぎないのです。サマーディそれ自体が悟りではないのです。これは特にラージャ・ヨーガにおいて、我々が理解しなければならない点です。サマーディに達したとしても、それは悟りを得た聖者であるということを意味しないのです。彼はさらに前進しなければならないのです。このサマーディは、ラージャ・ヨーガだけの特別のものではありません。ギャーニー（ギャーナ・ヨーガを行ずる者）は、これをアドヴァイタ・ニルヴィカルパ・サマーディといいます。ハタ・ヨーギー（ハタ・ヨーガを行ずる者）は、プラーナ気（上向きに働くエネルギー）とアパーナ気（下向きに働くエネルギー）を結合させ、それをスシュムナー管（脊髄の中を流れる目に見えないエネルギーの気道）に貫通させることによって、サマーディを得てきました。これらのプラーナは、ムドラー（印）と様々なチャクラ（霊的エネルギーのセンター）を通過させるクリヤ（行法の一つ）を使って上昇させるのです。バクタ（神を深く信愛する者）の場合は、バーヴァ・サマーディといいます。このように、ラージャ・ヨーガの第八段階であるサマーディは、ギャーナ・ヨーガでもハタ・ヨーガでもバクティ・ヨーガでも、どのヨーガでもみられるものであるということを理解しなければなりません。

では、これらのサマーディの違いは何でしょうか。単に名前の違いだけなのでしょうか。それとも実際に違いがあるのでしょうか。これらいくつかのサマーディはどんな意味で使われてきたのでしょうか。これらは同じ意味なのでしょうか、それとも違う意味で使われてきたのでしょうか。

　ラージャ・ヨーガにおいて、集中が深く連続的になり、ヨーギーがその強烈な集中を通じてある状態に達した時、彼は心を完全に静止状態に保つ能力を獲得するのです。その状態がサマーディといわれるものです。それは強烈な没入状態であり、心が一ヶ所に集められ完全に静まった時の、内部への深い没入状態なのです。この時、心の掌握はとても強烈で完璧です。この心を完璧に掌握している状態が、サマーディといわれるものです。この完璧な没入状態は、必ずしも超越的な悟りの状態である必要はありません。ある持続時間を超えて、かりに10分、20分、30分とヨーガの本に定められた時間制限を超えて、もしヨーギーが継続的に心を掌握できれば、彼はサマーディと言われる段階に達したと言えるのです。あなたは来る日も来る日も実践を続け、心を長時間堅固に掌握できる状態に入れるよう努力しなければなりません。あなたがこのサマーディの実践を忍耐強く続けるならば、悟りに達することでしょう。それは、あなたを、あなたがそこにおいて最終解脱を得る、超意識的な人知を超えた光明という最高の境地に連れて行ってくれるのです。

　ラージャ・ヨーガにおいて言及されている様々な段階のサマーディがあります。それは、人が完全なる光明の境地に到達するまで、実践していかなければならないものなのです。あなたの個人意識はまだ依然としてそこにありながらも深い没入状態が続いている光明、これもサマーディの一種です。そして、あなたがさらに高く飛翔した時、個人意識は宇宙意識の中に溶解するのです。これが霊的悟りの完成です。これは全く異なる段階であり、これこそがラージャ・ヨーギーがサマーディとみなすものなのです。

　ハタ・ヨーギー(身体のヨーガの実践者)のサマーディは、ムドラーやプラーナーヤーマの過程を経て、心に超自然的な状態が生み出されます。心

は完全な没入状態になります。しかしそのサマーディにおいては、心の動きは完全には死滅されていないと言われています。心の動きの完全なる消滅は起こっていないのです。故にこのサマーディは悟りに到るものではなく、単に心が機能停止されているにすぎません。つまり、それは完璧な機能停止ですが、心の動きの完全なる死滅にまでは到っていないということです。故に彼が通常の意識状態に戻った時、心の動きは依然としてそこにあります。これは時にジャダ・サマーディと呼ばれますが、その間、機能停止していた心の動きは、しばらくすると再び息を吹き返します。従って「ハタ・ヨーガのテクニックによって到達するこのサマーディは、完全なる解放を与えることはできない」との見解を主張する人々もいるのです。

　ギャーナ・ヨーギー（知識のヨーガの実践者）のサマーディは、ラージャ・ヨーギー（瞑想のヨーガの実践者）のサマーディとだいたい同じです。ラージャ・ヨーギーは、すべてに浸透する"プルシャ"（純粋意識）に完全に集中することによってサマーディに到達します。ギャーニーは、超越的な無形の"アートマン"（真我）に瞑想を施します。故に、彼が達成するサマーディは、完全に非人格的なサマーディなのです。そこには瞑想者個人の痕跡のかけらもありません。瞑想者の個性は完璧に払拭されているのです。知識の過程においては、先ず最初に"知る者"、次に"知られるもの"（知る対象）、そして"知ること"（知る過程）、この三つがそこにあります。しかし、そこから"知る者"が消去された時、何がおこるでしょうか。そこに"知る者"がいない時、"知る"という問題はなくなり、そこにはたった一つのものだけが残されます。"存在するものはすべて、かの一者である"。これがアドヴァイタ・ニルヴィカルパ・サマーディといわれるものなのです。知る者、知る対象、知る過程は、描写不可能な超越的な経験の中に消滅してしまいます。なぜなら、それを表現する誰がそこに存在するのでしょうか。経験する者自身が消滅してしまった時、経験する誰がそこにいるのでしょうか。あなたが塩でできた美しい人形をもっているとしましょう。それを海に連れて行きました。すると、その塩人形は突然「この海はどんなだろうか？　どのぐらい深いのだろうか、知りたい」と思い

ました。そして、海に飛び込みました。その瞬間、その塩人形は溶けてしまい、海と一つになりました。そこに残っているものはただ海だけでした。この最高の超越的経験は絶対的な経験といわれています。そこには相対的な感触は一切ありません。

　バクティ・ヨーガ（信愛のヨーガ）においては、このニルヴィカルパ・サマーディは、"神に見えるという体験"の結果として起こります。信者は崇拝者であり、彼が自分の理想神と直接あい見えた時、個人性の溶解の過程が始まります。それは一瞬では起こりませんが、次第に彼の個人性は弱まり、最終的に理想神だけが残るのです。ミラ（クリシュナ神の熱烈な信者）は神に近づき、そして消えてしまいました。これはバクティ・ヨーガにおいてサーユジャ（没入状態、神への帰一）と呼ばれています。神と一つになることがサーユジャなのです。あなたが水のいっぱい入った甕を割ってしまった時、甕の水に反射していた太陽は、本物の太陽に吸収されてしまいます。それと同じ様に、霊的人生が完成した時、信者の個人性は消滅し、完全に神の中に吸収されてしまうのです。
　ある哲学者たちによると、吸収のプロセスはこうです。ここに砂糖でできたヒマラヤがあり、その上に砂糖の小さな一粒が置かれているとします。あなたはそれを区別することはできませんし、それを分離することもできません。しかしながら、それは個々の存在を保っているというものです。しかし、これは一つの見方にすぎません。

　バクタやギャーニーや瞑想者が、ひとたびサマーディの深みにおいて究極の悟りに達すると、彼はこれを限りに完全に解放されます。もはや何の苦しみも渇望もありません。彼はこれ以上いかなる欲望もない完全なる状態に到達したのです。いわば、完全に自由な永遠不滅の存在となるのです。たとえ究極の悟りに達した後でも、彼の肉体は存続するかもしれませんし、他の人と同じように生活したり活動したりするかもしれませんが、彼はすでに完成と究極の悟りを得ているのです。彼はサマーディから出てきた時でさえ、サマーディにおける体験をはっきりと覚えているのです。

（9）永遠の至福

　この世のあらゆる物事は過ぎ去っていきます。故に、これらは永遠の喜びを与えることはできません。楽しい経験が終わった瞬間、失望だけが残ります。故に、賢者はこう言ってきました。「識別力をもつ者にとって、この世は苦そのものである」と。滅び行く万物の中に、真の喜びを見出すことはできません。それにもかかわらず、人は永続する喜びを得ようとします。故に、賢者は声高にこう呼びかけるのです。「汝ら、死を免れえない運命にある者たちよ！　目を覚ませ！　そして、我々のメッセージに耳を傾けよ。我々は、おまえたちがそこにおいて不滅の喜びを享受するであろう、永遠の実在を発見した。我々が辿り着いたその境地に到達せよ」。これがウパニシャッドの呼びかけなのです。

　ある偉大な聖者がこんなたとえ話をしました。「三人の友が一緒に歩いていました。すると、三人は高い壁に出くわしました。それはあまりに高いものだったので、一人は諦め、他の二人はそれによじ登りました。最初にてっぺんに着いた男が、壁の向こう側を見ると、それはまるで天国のようでした。そこでの喜びを見るやいなや、彼はその中に飛び込んでしまいました。すると、二番目の男も挑戦しました。この男もまた壁の向こう側を見て、喜びのあまり歓声をあげました。しかし、彼は聖者のようなハートを持った男だったので、『私はそれを見つけたが、私だけがそれを享受するのではなく、他の人もまたそれを享受すべきだ』と言うと、彼は友達に他の人々を呼んでくるように頼みました。すぐにみんなもやって来て、彼らもまた助けられながらてっぺんに登り、その幸せな楽園を見たのです」。これは悟りを得た人が語ったことを示す一つの例なのです。さらに聖者は言います。「友よ。ここに"無限の喜びの大海"という世界がある。我々はそれで自分自身を満たしてきた。ここでもがき苦しんでいるおまえたちもまた、あらゆる苦しみが消滅し、如何なる不完全さもない、この究極の至福を経験することができるのだ。おまえたちは皆その境地に到達するよう努力しなければならないのだ」。

すべてのジーヴァ（個別の魂）にとっての究極のゴールは、至高の魂との合一を果たすことです。ヨーガとは、有限の自己と無限の自己との結合を意味するのです。それはジーヴァという個々の肉体の中に閉じ込められた意識が、至高の自己に融合することなのです。雨水が川に流れ込み、その雨が生まれ出たところである大海に溶け込んでいくように、至高のアートマンから生まれたジーヴァは、そこに戻っていくのです。いったんそれがなされると、心のあらゆる結び目がほどかれるのです。これこそが到達されるべきこれ以上の境地は何も無いという境地なのです。これは、すべての悲しみの終焉と、無限の喜びと究極の安らぎの獲得を意味します。あなたには、これ以上如何なる欠乏感も渇望もありません。絶対的な充足感という境地にいることを感じることでしょう。これが、ヨーギーの長きにわたる真剣な努力の結果なのです。

　自制とたゆみない努力は、最終的にヨーガの成就に到ります。そこにおいて、我々は至高の喜びを得るのです。では、それは一体どんな類いの喜びなのでしょうか。それは、こう言われています。「もしあなたが魚を釣って、それを小さな入れ物に入れたとします。その魚は以前に味わっていた限りない自由を求めて、その入れ物から逃げようとします。そこで、ある人が慈悲心から、その入れ物を持って海に行き、魚を海に帰してやったとします。その魚は果てしない幸せを感じることでしょう。そして、自分の行きたい所へは何処へでも自由に泳いでいくことでしょう」。しかしながら、これは非常に大雑把な類推と言えます。

　果てしない自由の喜びは、魂が至高の魂と一つになった時、やってきます。その至高の喜びとはどのような感じなのでしょうか。それは人がこれまで一度も経験したことがないような類いのものです。聖者たちは皆、何度も何度も我々に問いかけてきました。「何故おまえたちは儚い楽しみを追い求めるのか」と。しかし、あなた方は対象から得られる快楽以外に、喜びについての如何なる概念ももっていないのです。この世界においてあなたが経験することができる喜びについての、あなたの考え得る最も高い概念とは何でしょうか。あなたは自分のほしいものを何でも手に入れるこ

とだと答えることでしょう。確かに、それはあなたが想像し得る限りの、最大の喜びです。しかし、一体誰が自分のほしいものすべてを手に入れることができるでしょうか。この世のすべてを所有している人だけが、その権利をもっているのです。

　一般の肉体的生き物は、本能的欲求をもつだけです。彼は肉体と結びついた快楽を経験することはできます。例えば、彼は肌が心地いいと感ずるものは何でも感知することができます。一方、美意識の発達している人は、単に肉体的に生きているだけの人間が享受できない音楽を楽しむことができます。単に肉体だけの人間は、音楽を味わったり、素晴らしい絵画を鑑賞することはありません。彼は芸術的センスというものをもちあわせていないのです。彼はまた、日の出や日没に深く感動するといった感受性ももっていません。故に、我々の感性が洗練され、美意識が磨かれれば磨かれるほど、ますます喜びの展望は我々の前に開けてくるのです。もしあなたの美意識が発達すれば、あなたは最高の音楽や最高の芸術を楽しむことができるようになります。そして、あなたの前に開かれた楽しみに対する、あらゆる洗練された態度を身につけることでしょう。結果、あなたは粗雑な肉体的快楽を追い求めたり、堕落したりすることはなくなるのです。故に、すべてを所有しすべてに対して絶対的な支配力を持つ人だけが、この世のすべてを享受することができるのです。彼は詩も絵画も、あらゆるものを楽しみ、世界中から栄誉を受けるのです。そして、自分は全世界に君臨する最高の帝王であるという満足感を得ることでしょう。恐らく、これがあなたがこの世で経験し得る喜びに対する最高の概念でしょう。

　もしこの種のあらゆる楽しみを思いつくことができ、そして、そのすべてを手に入れることができたとして、つまり人が美味しい料理やセックス、さらに音楽や絵画などといった、あらゆる類いの感覚的な快楽のすべてを得ることができたとして、これらすべてを享受している人の喜びを一つの単位として考えてみます。

　功徳を積み、天上人、即ちガンダルヴァ（天上の音楽家）と呼ばれる天

使となった人の喜びの量は、その100倍だと考えられています。つまり、それはこの世で最も幸せな人の喜びの100倍以上だということです。生まれながらのガンダルヴァの喜びは、ガンダルヴァになった人の100倍以上だといわれています。生まれながらのガンダルヴァの喜びの100倍以上の喜びは、その世界が永続するピトリス（祖霊）の喜びです。このピトリスの喜びの100倍以上の喜びは、天国に神として生まれた者たちの喜びです。そして、その喜びの強さと広がりにおいて、その100倍以上の喜びは、賞賛に値するカルマを通して神となったカルマ・デーヴァの喜びです。これらカルマ・デーヴァの喜びの100倍の喜びが、天国の永遠の神々の喜びの一単位なのです。神々の長であるインドラの喜びは、さらにこの100倍以上なのです。そして、インドラの100倍以上の喜びが、神々の師であるブリハスパティの喜びなのです。ブリハスパティの喜びの100倍がヴィーラット（宇宙として顕現したSELF）の喜びです。ヴィーラットの喜びの100倍以上が、創造神ブラフマーの喜びなのです。そして、そのブラフマー神の喜びの無限大以上が、パラブラフマン（究極の実在／SELF）の至福なのです。

　まず世界の皇帝、そして人間から天使になった者、それから生まれながらの天使、次に祖霊、天国に生まれた神、カルマ・デーヴァ、生まれながらの神、インドラ、ブリハスパティ、ヴィーラット、ブラフマー（またはヒランニャガルバ）と続き、最後にパラブラフマンとなるのです。これが聖典に記された喜びの算出法なのです。故に、ヨーガの究極の果実であるその永遠の至福はとても描写しきれるものではないのです。それは神聖なるエクスタシィー（歓喜、法悦）といわれています。それは表現することは不可能なのです。それはラージャ・ヨーガの「ヤマ、ニヤマ、アーサナ、プラーナーヤーマ、プラティヤハーラ、ダーラナー、ディヤーナ、サマーディ」という八段階を通して到達する、超意識状態の究極の果実なのです。それはあなたの個人意識を溶解させてしまう無限の至福なのです。この至福を得た者は何も語ることができないのです。彼は黙して語らずです。あなたが最も美味しい食べ物を口の利けない人に与えたとしても、彼はその

味を表現することはできません。それはヨーギー自身がその中に溶け込んでしまう、至高の喜びを言葉で表現することの難しさを表しています。これが最も高いサマーディの境地なのです。

　あなたはミルクの中に米と砂糖を入れ、それを煮て、最高級のキィール（ミルク粥）を用意したとします。あなたがそのキィールを食べた後、召使いはその食器を洗いながら、そこにいくらかのお粥が残っているのを見つけます。が、そこにはすでに水が入ってしまっていますが、彼はそれを食べ、水で薄まったキィールの味を味わうのです。しかし、それは希釈されていない元々の純粋なキィールではありません。それと同様に、あなたは最高のサマーディを得るまで、至高の喜びのささやかな断片だけでも経験することができるのです。

　ある人が素晴らしいコンサートを聞き、その報告をしたとします。我々はそのコンサートの雰囲気ぐらいはいくらか掴むことができますが、コンサート全体の正確な感じは実際にはわかりません。報告を聞いている我々は、コンサートそのものを楽しむことはできないのです。同様に、我々はサマーディから得られる偉大な喜びについての僅かな知識を得ることができるだけなのです。その境地に達した聖者たちはまだ生きていますが、その多くは外から見分けることはできません。正しいバーヴァ（心的態度）をもった人たちは、彼らを認識することができ、完成に達したそのような魂から刺激を受けることでしょう。至高の実在の素晴らしいヴィジョンを見た人々は、その美がどのようなものであるかをなんとか表現しようと試みます。天上のニンフたち（美しい乙女の妖精たち）の美に較べたら、たとえこの世の絶世の美女たちを束にしても、その美は影が薄くなってしまいます。しかし、人間はニンフたちを見ることさえできません。彼女たちは非常に美しいのです。しかし、悟りを得た者にとっては、その彼女たちでさえ火葬場の灰のようにしか見えないのです。彼にとっては、それらは全くもって嫌悪を催させるだけなのです。

　我々は"悟りの喜び"についていくらかは知ることができたと思います。

我々は常にその喜びを得るためだけに努力しなければならないのです。それに較べたら、この世の対象物すべてを寄せ集めた喜びのなんと虚しいことでしょう。悟りの喜びは"無限の至福"なのです。真の自己ではないものから得られる喜びには限りがあります。しかし、真の自己の喜びは永遠であり、それは決して滅びることがありません。そして、あなた自身が"それ"なのです。それこそがあなたの真の本性なのです。しかし、無知と欲望のために、あなたは自分自身の真の本性を忘れてしまっているのです。感覚をコントロールし、無知を取り除きなさい。そして、自分の真の本性を知りなさい！　心を静め、真の自己を悟りなさい！　そして、至高の喜びに達しなさい！　これこそがヨーガのメッセージなのです。

訳者あとがき

　スワミ・チダーナンダジは、2008年8月28日夜に、92歳でマハー・サマーディ（悟りを得た魂が肉体を離れ、大いなるものの中へ帰って行くこと）にお入りになりました。あらゆる儀式は静けさの中、とても簡素に執り行われ、その肉体は、スワミジの生前のご意志通り、すぐにガンガーに流され、翌朝には、何事もなかったかのように、いつもと変わらないガンガーの風景がそこにあったということです。スワミジ自身悟りを得た偉大な聖者でありながら、最後の最後まで、師の蓮華の足元に自分の人生を捧げ献身し、グルデヴの弟子としての自分の人生を貫いた見事な最後でした。

　スワミジの生前のお住まいであったグルニワスの入り口に、今スワミジの写真と共に、こんな言葉が掛かっています。

　　　神聖なる意識は、常に今ここにあり、
　　　　　　常に自由であり、
　　　　　　常に満たされており、
　　　　　　常に完全である。
　　　これこそが、"本来のあなた"なのです！

　　　一息ごとに、一歩ごとに、
　　　喜びに溢れ、熱意をもって、
　　　この"真の自己に対する認識"という光のもとに生きなさい！

　　　どんなに厚い雲に覆われていようとも、
　　　太陽は常にまばゆいばかりに輝いています。
　　　そのように、本当のあなたは常に輝いているのです！

　　　　　　　　　　　　　　　　　　　　　　スワミ・チダーナンダ

　2011年、3月11日、突然想像だにしていなかった巨大地震が起こり、そ

れに伴う大津波、さらには、それによって破壊された原子力発電所からの放射能拡散……一瞬にして、生命も、今まで築きあげてきたものも、すべてを飲み込み根こそぎ奪い去ってしまった自然の脅威……こんな地獄図のようなことが本当に起こるんだ……人の生命のあまりの儚さにただ呆然とするばかりでした。

　その余震が連日続く中、家がギコギコと音を立てて揺れる度に、ヘルメットをかぶり、机の下にもぐり、息を止めて、ただひたすら揺れが収まるのを待つ日々でした。生命の根幹を脅かされるという本能的な恐怖感で、身体のあちこちがこわばり、本当に生きた心地のしない日々が続きました。そんな時、突如、内側から自分のすべきことをしなくては、という思いが湧き上がってきて、それに急き立てられるように、しばらく中断していたこの本の翻訳を再開したのです。自分も含めて、誰の人生も板子一枚船の上で、実に不安定で不確実なものの上に成り立っているのに、普段はそんな当たり前のことさえまったく意識することもなく、実にのんべんだらりとした人生を送っていたような気がします。明日はどうなるかわからない、（この地上での）生命は限りあるものなんだということを、はっきりと実感させられた時、自分のすべきことをしようと決心したのでした。落ち着かない日々の中、割ける時間のすべてをこの本の完成のためにあてました。とにかく、これを仕上げることが自分にできる祈りのようなものでした。「真理だけが、あらゆる苦しみや悲しみから人を自由にしてくれる」という真実を、一人でも多くの人に知らせたい。しかし、それ以上に、この仕事に集中している自分自身が、自分の中心を取り戻せたような気がします。自然の美しさとその恩恵を享受しながらも、常に自然の脅威、その破壊力の凄まじさの前に、ただ黙って立ち尽くすしかない私たちですが、そんな私たち一人一人の心が平和でありますように、生きとし生けるものすべてが幸せでありますように、心からの祈りを込めて、この本を皆様の足元に捧げたいと思います。そしてまた、ヨーガの叡智が、真の自分自身についての理解を深めるきっかけとなり、如何なる状況においても、力強く前向きに生きていく力となりますように。

　この本の出版にあたり、本当にたくさんの方々に助けていただきました。

惜しみないご協力とご助力をいただきました日本ヴェーダーンタ協会のスワミ・メダサーナンダジ、同協会のＳ氏、アニル・ヴィディヤーランカール教授、池田光陽氏、故・羽成孝氏に、心からの感謝を捧げたいと思います。
なお、本書は、2011年に『至福への道』という題名で自費出版いたしましたが、今回多くの方々の再版要請に答える形で、一部加筆修正し、東方出版から、『八段階のヨーガ』として、改訂新版されることとなりました。新版にあたっては、東方出版にご縁をつないでくださいました真下尊吉氏、翻訳において誠実で的確なアドバイスで助けてくださいました藤田晃氏、また東方出版の今東成人会長にはひとかたならぬご理解とご協力をいただきました。ここに深く感謝いたします。

2017年9月
増田喜代美

要語索引

■ア行

アーヴァラナ（覆い隠すもの） 25, 26, 50
アーサナ（坐法） 6, 7, 52, 53, 67, 98〜102, 107, 124, 125, 154
アーサナ（体位法） 7, 52, 53, 98
アートマン（真我） 19, 47, 62, 65, 73, 105, 149, 152
アスティーヤ（不盗） 27, 59, 69〜71
アディヤーサ（重ね合わされたもの、誤った自己同一化） 39, 45
アパリグラハ（不貪） 27, 59, 71, 72
アハンカーラ（自我） 47
アヒンサー（非暴力） 27, 59〜62, 64
アビマーナ（自尊心、傲慢さ） 42〜44
アビャーサ（不断の努力精進、反復実践） 114, 115, 119, 135
イーシュワラ・プラニダーナ（神への献身） 75, 90〜92
ヴァーサナ（心の潜在的傾向性） 35, 45, 85, 86
ヴァイラーギャ（離欲、無執着） 14, 114〜116, 133, 142, 143, 145, 147
ヴィヴェーカ（識別力） 14
ヴィクシェーパ（心の揺れ） 25, 26
ヴェーダ（インド最古の聖典類） 4, 63
ヴェーダーンタ 13, 17, 24, 25, 38〜40, 42, 76, 100, 113, 137, 149, 159
ヴェーダーンティン（ヴェーダーンタ哲学徒） 13, 113, 121, 123, 126, 137, 140
オーム（聖音） 18, 113, 118, 125

■カ行

カルマ・ヨーガ（行為のヨーガ） 13, 16, 17, 43〜45, 51, 139, 145
カルマ・ヨーギー（カルマ・ヨーガを実践する者） 43, 139, 140
ギャーナ・ヨーガ（知識のヨーガ） 46, 50, 51, 105, 107, 145, 147
ギャーニー（ギャーナ・ヨーガを行ずる者） 147, 149, 150

■サ行

サダナ（霊的修行） 16, 38, 60, 67, 68, 80, 84, 116
サッチダーナンダ（絶対的な存在・意識・至福） 18, 75, 106, 107, 122
サッティヤ（真実、正直） 27, 59, 62, 63, 83
サット・チット・アーナンダ（サッチダーナンダ、絶対的な存在・意識・至福） 24, 65
サットヴァ（純質） 76, 98〜100, 103, 104, 108, 130, 145
サトヴィック（サットヴァ優位） 100, 107, 116, 117, 130, 145
サマーディ（三昧） 6, 36, 40, 45, 52, 68, 134, 147〜150, 154, 155, 157
サムスカーラ（残存印象） 30, 34〜37, 88, 90, 132
サントーシャ（知足） 75, 78
ジーヴァ（個別の魂） 25, 50, 152
シャウチャ（清浄） 75
ジャパ（神の名やマントラの反復誦唱） 17, 122, 123, 138
シュラヴァナ（聴聞） 51, 107
スワディヤーヤ（聖典読誦） 75, 84〜89

■タ行

ダーラナー（集中） 6, 52, 68, 90, 104, 111, 112, 129, 154
タパス（苦行） 75, 81〜84
タマシック 116
タマス（暗質） 24, 76, 82, 98〜100, 103, 131, 145
ディヤーナ（瞑想） 4, 6, 7, 51, 52, 68, 121, 122, 129, 130, 146, 154

■ナ行

ニディディヤーサナ（深い瞑想） 51, 105, 107
ニヤマ（勧戒） 6, 7, 52, 73〜75, 84, 90, 98, 104, 107, 154
ニルヴィカルパ・サマーディ（無分別三昧。ブラフマンとの完全合一の境地） 40, 147, 150

■ハ行

バクタ（神を深く信愛する者） 113, 135, 138〜140, 147, 150
バクティ・ヨーガ（信愛のヨーガ、神への信愛と帰依の道） 42, 45, 50, 51, 145, 147, 150
ハタ・ヨーガ（身体のヨーガ） 52, 53, 98, 103, 147, 149
ハタ・ヨーギー（ハタ・ヨーガを行ずる者） 147, 148
プラーナ（生命エネルギー） 4, 18, 49, 52, 53, 98〜100, 102〜104, 115, 117, 145, 147
プラーナーヤーマ（調気） 6, 52, 53, 67, 100, 101, 103, 104, 107〜109, 145, 148, 154
プラティヤハーラ（制感） 6, 52, 53, 105, 108〜111, 118, 129, 139, 140, 154
プラナヴァ（聖音オーム） 18, 113
ブラフマチャリヤ（禁欲、独身を守る） 27, 59, 65〜69
ブラフマン（究極の実在） 4, 40, 69, 121, 122, 137, 139, 140, 154

■マ行

マーヤー（迷妄、幻影） 18, 50
マナナ（熟考） 51, 107
マラ（心の汚れ） 25
マントラ（真言） 113, 119, 122, 123, 125, 128, 132, 138

■ヤ行

ヤマ（禁戒） 6, 7, 26, 52, 57, 59〜62, 65, 68, 69, 71, 73, 75, 90, 98, 104, 107, 143, 154

■ラ行

ラージャ・ヨーガ（瞑想のヨーガ） 4, 6, 7, 13, 25〜27, 37, 44, 45, 47, 48, 50〜53, 65, 69, 98, 99, 103, 105, 107, 108, 113, 115, 134, 145, 147, 148, 154
ラージャ・ヨーギー（ラージャ・ヨーガを行ずる者） 113, 139, 140, 148, 149
ラジャス（動質） 76, 98〜100, 103, 145
ラジャシック 116

スワミ・チダーナンダ

　スワミ・チダーナンダは、シュリダール・ラオとして、1916年9月24日、母方の地である南インドのマンガロールに、伝統的なヒンドゥ教徒であるブラフミンの家庭の長男として生まれました。彼が16歳になった時、父方の地であるマドラスに移り、1938年には、名門ロヨラ大学を卒業しました。この間に、バジャンや聖典の学習はもちろんのこと、シュリ・ラーマクリシュナ、スワミ・ヴィヴェーカナンダ、ラーマナ・マハリシ、パパ・ラムダースといった現代の聖者たちの生き方や教えが、彼の中に、霊性の生活を送りたいという燃えるような思いを目覚めさせたのです。

　そして1943年、そのダイナミックな霊的書物が長い間彼を惹き付けてやまなかった、ディヴァイン・ライフ・ソサエティの創設者である聖者スワミ・シヴァーナンダが開いたヒマラヤのアシュラムに入ったのです。間もなく、彼はシヴァーナンダ・アシュラムの診療所の責任者となり、ライ病患者も含め、すべての人に対する慈悲溢れる奉仕によって、愛情を込めてドクター・ラオジと呼ばれるようになったのです。さらに通信部門のヘッドにもなり、頻繁に講義を頼まれたり、たくさんの訪問者の特別な要求に対応するよう求められるようになりました。

　1948年、事務総長に任命され、翌1949年のグル・プルニマには、正式に出家得度し、スワミ・チダーナンダとなったのです。

　10年後の1959年、海外からの多くの要請に応えて、師スワミ・シヴァーナンダは、彼を2年以上にもわたる西洋の旅へと送り出したのです。

　1963年には、スワミ・シヴァーナンダの後継者として、ディヴァイン・ライフ・ソサエティの総長に選出されましたが、彼の人生は、師への奉仕として、またディヴァイン・ライフ・ソサエティの重要な目的である霊的知識の普及のために、インド国内はもとより、地球上のすべての大陸に到るまで、ほとんど旅から旅への連続でした。海外においては、しばしば高位高官や要人たちに歓迎され、また国内外にたくさんの支部をもつ組織の長でありながら彼は心の中では、依然として一介の僧のままでした。その人生の目的は、できるだけ多くの人のために、できる限りの善をなすことであり、とりわけ、心を元気づけ解放してくれるヨーガやヴェーダーンタのメッセージを届け、人々に神聖なる生活を送るという生き方をもたらすことなのです。

増田喜代美（ますだきよみ）
東京ヨガセンターの故・羽成孝氏のもとで、長年にわたりハタ・ヨーガを学ぶ。その後、インド、ディヴァイン・ライフ・ソサエティの故・スワミ・チダーナンダジとの出会いにより、ヨーガとインド哲学の研鑽を積むために毎年渡印。サンスクリット語は、日本サンダハンのアニル・ヴィディヤーランカール教授及び中島巌氏に師事。両氏からは、サンスクリット語及び『バガヴァット・ギーター』、『ヨーガ・スートラ』をはじめとするインド哲学のエッセンスを学ぶ貴重な機会を得る。サンダハンのサンスクリット語教科書及び辞書である『入門サンスクリット』、『基本梵英和辞典』（共に東方出版刊）の出版の手伝いに携わる。
スワミ・チダーナンダジの伝記『人間をこえて』（2003年）、スワミ・チダーナンダジによるパタンジャリの『ヨーガ・スートラ』の解説書『至福への道——パタンジャリのアシュタンガ・ヨーガのエッセンス』（2011年）を翻訳、自費出版。現在は、インド哲学関係の翻訳に従事。

八段階のヨーガ

2017年11月15日　第1刷発行
2021年2月22日　第2刷発行

著　者　スワミ・チダーナンダ
訳　者　増田喜代美
発行者　稲川博久
発行所　東方出版(株)
　　　　〒543-0062 大阪市天王寺区逢阪2-3-2
　　　　Tel.06-6779-9571　Fax.06-6779-9573
装　幀　濱崎実幸
印刷所　亜細亜印刷(株)

乱丁・落丁はおとりかえいたします。　ISBN978-4-86249-288-3

古典から学ぶアーユルヴェーダ——幸福な人生のために	クリシュナ・U・K	2000円
ラマナ・マハルシの思想	真下尊吉	1800円
ブッダの言葉とタントラの呼吸法	真下尊吉	2000円
サンスクリット原典から学ぶ般若心経入門	真下尊吉	1800円
ギーターとブラフマン	真下尊吉	2800円
サーンキャとヨーガ	真下尊吉	3000円
ハタヨーガからラージャヨーガへ	真下尊吉	1800円
入門サンスクリット 改訂・増補・縮刷版	A・ヴィディヤランカール／中島巖	7000円
バガヴァッド・ギーター詳解	藤田晃	4500円

＊表示の値段は消費税を含まない本体価格です。